Mohamed Lamine Messaı

Sécurité dans les Réseaux de Capteurs Sans Fils

Mohamed Lamine Messai

Sécurité dans les Réseaux de Capteurs Sans Fils

La gestion de Clés

Éditions universitaires européennes

Mentions légales/ Imprint (applicable pour l'Allemagne seulement/ only for Germany)

Information bibliographique publiée par la Deutsche Nationalbibliothek: La Deutsche Nationalbibliothek inscrit cette publication à la Deutsche Nationalbibliografie; des données bibliographiques détaillées sont disponibles sur internet à l'adresse http://dnb.d-nb.de.
Toutes marques et noms de produits mentionnés dans ce livre demeurent sous la protection des marques, des marques déposées et des brevets, et sont des marques ou des marques déposées de leurs détenteurs respectifs. L'utilisation des marques, noms de produits, noms communs, noms commerciaux, descriptions de produits, etc, même sans qu'ils soient mentionnés de façon particulière dans ce livre ne signifie en aucune façon que ces noms peuvent être utilisés sans restriction à l'égard de la législation pour la protection des marques et des marques déposées et pourraient donc être utilisés par quiconque.

Photo de la couverture: www.ingimage.com

Editeur: Éditions universitaires européennes est une marque déposée de
Südwestdeutscher Verlag für Hochschulschriften GmbH & Co. KG
Dudweiler Landstr. 99, 66123 Sarrebruck, Allemagne
Téléphone +49 681 37 20 271-1, Fax +49 681 37 20 271-0
Email: info@editions-ue.com

Produit en Allemagne:
Schaltungsdienst Lange o.H.G., Berlin
Books on Demand GmbH, Norderstedt
Reha GmbH, Saarbrücken
Amazon Distribution GmbH, Leipzig
ISBN: 978-613-1-55872-6

Imprint (only for USA, GB)
Bibliographic information published by the Deutsche Nationalbibliothek: The Deutsche Nationalbibliothek lists this publication in the Deutsche Nationalbibliografie; detailed bibliographic data are available in the Internet at http://dnb.d-nb.de.
Any brand names and product names mentioned in this book are subject to trademark, brand or patent protection and are trademarks or registered trademarks of their respective holders. The use of brand names, product names, common names, trade names, product descriptions etc. even without a particular marking in this works is in no way to be construed to mean that such names may be regarded as unrestricted in respect of trademark and brand protection legislation and could thus be used by anyone.

Cover image: www.ingimage.com

Publisher: Éditions universitaires européennes is an imprint of the publishing house
Südwestdeutscher Verlag für Hochschulschriften GmbH & Co. KG
Dudweiler Landstr. 99, 66123 Saarbrücken, Germany
Phone +49 681 37 20 271-1, Fax +49 681 37 20 271-0
Email: info@editions-ue.com

Printed in the U.S.A.
Printed in the U.K. by (see last page)
ISBN: 978-613-1-55872-6

Dédicaces

Á la mémoire de ma grande mère

Á ma mère

Á mon père

Á mes frères et sœurs

Á toute ma famille

Á tous mes amis

Remerciements

Je remercie Dieu le tout Puissant qui m'a donné la force et la volonté pour réaliser ce modeste travail.

Je remercie tous les personnes qui m'ont aidé durant la préparation de ce livre de prés ou de loin.

Je conclurai, en remerciant vivement toute ma famille qui m'a toujours supporté moralement et financièrement pendant toutes mes longues années d'études.

MESSAI Mohamed Lamine

RÉSUMÉ

L'émergence des réseaux de capteurs sans fils (RCSFs) a ouvert la voie à une multitude de domaines de recherche constituant les sièges privilégiés de leur déploiement. L'intérêt suscité par cette effervescence d'investigation préconise de larges champs d'application dans un avenir proche. Toutefois, beaucoup d'obstacles inhérents à leurs spécificités doivent être surmontés avant de pouvoir atteindre leur maturité. Parmi ces entraves, le problème de sécurité se pose avec acuité et doit être solutionné de manière appropriée et en conformité avec les caractéristiques particulières des RCSFs. Ces caractéristiques contraignantes s'observent dans la limitation des ressources telles que : l'énergie, la puissance de calcul, la bande passante et l'espace mémoire. En raison de ces contraintes et de leur déploiement dans des environnements sans surveillance et hostiles, les différents nœuds capteurs d'un RCSF sont vulnérables à la compromission et susceptibles d'une violation physique. De plus, l'utilisation des transmissions sans fils rend les RCSFs perméables à des malveillances de toutes sortes, et constitue un véritable chalenge de sécurité à relever.

Dans ce livre, nous présentons une étude des problèmes de sécurité dans les RCSFs et un état de l'art des protocoles de gestion de clés utilisées dans les mécanismes de cryptographie ; comme conséquence, un nouveau protocole de gestion de clés est proposé.

Mots clés : Communication sans fils, Réseaux de capteurs sans fils, Sécurité, Cryptographie, Gestion de clés.

ABSTRACT

The emergence of wireless sensor networks (WSNs) open the way with a multitude of fields of research constituting the privileged seats of their deployment. WSNs consist of small nodes with sensing, computation, and wireless communication capabilities and expected to play an essential role in the upcoming age of pervasive computing. Due to their constraints in computation, memory, power resources, and its deployment in unattended and hostile environments, individual sensors are vulnerable to security compromise and susceptible to physical capture. Furthermore using wireless communications makes security a challenge in these networks. As a result, security must be an important factor to have in mind when designing WSNs.

In this book, we present a study of wireless sensor networks, security problem in these networks, we present also a state-of-the-art of key management protocols, as consequence we propose a new protocol for key management.

Keywords: Wireless communication, Wireless sensor networks, Security, Cryptography, Key management.

Table des matières

Introduction générale 7

Chapitre I

Les réseaux de capteurs sans fils

1.Introduction 9

2.Bref historique des télécommunications 10

   2.1.Le fil comme support de communication 10

   2.2.La communication sans fils... 10

3.Les réseaux sans fils... 11

   3.1.Réseaux ad hoc... 11

   3.2.Réseaux de capteurs sans fils (RCSF)... 13

      3.2.1.Qu'est ce qu'un capteur (senseur)?... 13

      3.2.2.Définition d'un RCSF 13

      3.2.3.Objectif de base des RCSFs.. 14

      3.2.4.Types de réseaux 14

   3.3.Comparaison réseaux de capteurs et réseaux ad hoc 15

4.Architecture de base d'un capteur.. 15

5.Architecture d'un RCSF... 16

6.La pile protocolaire dans un RCSF 17

   6.1.La couche physique.. 18

   6.2.La couche liaison 18

   6.3.La couche réseau 18

   6.4.La couche transport 19

   6.5.La couche application 19

   6.6.Le niveau de gestion d'énergie 19

   6.7.Le niveau de gestion de mobilité 19

   6.8.Le niveau de gestion des tâches 19

7.Caractéristiques d'un capteur... 19

8.Application concrète d'un RCSF 20

9.Les réseaux de capteurs standards 20

   9.1.IEEE 802.15.1 22

   9.2.IEEE 802.15.3 22

   9.3.IEEE 802.15.4 22

   9.4.ZigBee Alliance 23

   9.5.IEEE 1451.5 23

10.Facteurs et contraintes conceptuelles des RCSFs 23

   10.1.La tolérance aux fautes... 24

   10.2.L'échelle (Scalabilité) 24

10.3.Système d'exploitation 24

10.4.Sécurité physique limitée 25

10.5.Coût de production 25

10.6.L'environnement 25

10.7.La topologie du réseau 25

10.8.Les contraintes matérielles 25

10.9.Média de transmission 26

10.10.La connectivité 26

10.11.La consommation d'énergie 27

    10.11.1.   Énergie de capture 28

    10.11.2.   Énergie de traitements 28

    10.11.3.   Énergie de communication 29

11.Capteurs en images 29

12.Conclusion 30

Chapitre II

Aspects généraux de la sécurité

1.Introduction 31

2.Terminologie de base 32

3.Chiffrement 34

    3.1.Chiffrement en chaîne (en continu) 34

    3.2.Chiffrement par bloc 34

    3.3.Chiffrement en chaîne vs chiffrement par bloc 34

4.Principe de Kerckhoffs 35

5.Algorithme publié et algorithme secret 35

    5.1. Algorithme secret 35

    5.2. Algorithme publié 35

6.Les principaux concepts cryptographiques 36

    6.1.Crypto système à clé symétrique 36

    6.2.Crypto système à clé publique 37

    6.3.Fonction de hachage 37

    6.4.Protocoles cryptographiques 38

        6.4.1.Confidentialité 39

        6.4.2.Intégrité 39

        6.4.3.Authentification 39

7.La cryptanalyse 41

    7.1.Attaque sur le texte chiffré uniquement 42

    7.2.Attaque sur un texte clair connu 42

    7.3.Attaque sur un texte clair sélectionné 42

    7.4.Attaque sur le texte chiffré uniquement 42

7.5.L'attaque à l'aide de l'analyse statistique 42

7.6.L'attaque d'une tierce personne ("man in the middle") 43

8.Modes d'opération de chiffrements par blocs 43

    8.1.Mode ECB 43

    8.2.Mode CBC 43

    8.3.Mode CFB 44

    8.4.Mode OFB 44

    8.5.Mode CTR 45

9.Algorithmes 45

    9.1Cryptographie à clé publique 46

        9.1.1.RSA (Rivest-Shamir-Adleman) 46

        9.1.2.ECC (Elliptic Curve Cryptosystem) 46

    9.2.Cryptographie symétrique 46

        9.2.1.RC5 46

        9.2.2.DES (Data Encryption Standard) 47

        9.2.3.AES (Advanced Encryption Standard) 47

        9.2.4.Autres algorithmes 47

Chapitre III

Sécurité dans les RCSFs

1.Introduction 49

2.Analyse de vulnérabilité 50

    2.1.Vulnérabilité physique 50

    2.2.Vulnérabilité technologique 50

3.Contraintes influençant la sécurité dans un RCSF 50

4.Énergie pour la sécurité 50

5.Défis de sécurité 51

6.Buts de sécurité 51

    6.1.Disponibilité 51

    6.2.Intégrité des données 51

    6.3.Confidentialité 51

    6.4.Fraîcheur 52

    6.5.Authentification 52

    6.6.Non répudiation 52

    6.7.Contrôle d'accès 52

7.Les attaques dans les RCSFs 52

8.Modèle de l'attaquant 55

    8.1.Attaquant puissant ou Strong attacker 55

    8.2.Un modèle réaliste d'attaquant 55

9.Problèmes de sécurité dans chaque couche 55

9.1.Couche physique 56

9.2.Couche liaison 56

9.3.Couche réseau 56

9.4.Couche transport 57

10.Détection et prévention des attaques.. 57

10.1.Mécanismes préventifs 58

10.2.Détection d'intrus 59

10.3.Tolérance à l'intrusion 59

11.Issues majeures de sécurité 60

12.Conclusion 60

Chapitre IV

Gestion de clés dans les RCSFs: état de l'art

1.Introduction et motivation.. 61

2.But des protocoles de gestion des clés 62

3.Phases de la gestion des clés 62

3.1.Pré-distribution de clés.. 62

3.2.Découverte de voisinage 62

3.3.Etablissement de clés de chemin 62

3.4.Isolation des nœuds anomaux 62

3.5.Renouvellement des clés 63

3.6.Latence d'établissement des clés 63

4.Métriques d'évaluation 63

5.Classification.. 64

6.Utilisation de la cryptographie asymétrique 65

6.1.TinyPK (Tiny Public Key) [46] 66

6.2.TinyECC [67]... 66

7.Utilisation de la cryptographie symétrique 67

7.1.Absence de pré-distribution de clés "No key pre-distribution".................................. 67

7.2."Master key based pre-distribution"... 69

7.3."Paire-wise key pre-distribution" 71

7.4.Participation de la station de base "Base station participation" 74

7.5.Pre-distribution probabiliste des clès (Probabilistic key pre-distribution)................... 77

7.6.Gestion de clés dynamiques "Dynamique key management" 79

7.7.Gestion de clés hiérarchique "Hierarchical key management" 79

7.8."Location-based keys".. 81

8.Conclusion 81

Chapitre V

Proposition

1.Introduction.. 82

2. Hypothèses 78

3.Notation... 83

4.Idée de base... 83

5.Schéma proposé 84

    5.1.Pré-distribution de clés... 84

    5.2.Construction de l'arbre... 85

    5.3.Maintenance de l'arbre et rafraichissement de clés..................................... 86

6.Exemple applicatif 87

7.Évaluation 88

    7.1.Complexité en mémoire 88

    7.2.Complexité en communication... 89

    7.3.Capture de nœuds et passage à l'échelle 89

8.Simulation 89

9.Comparaison 93

10.Conclusion 95

Conclusion générale.. 96

RÉFÉRENCES... 97

Introduction générale

La convergence de la micro-électronique et des technologies de communication sans fils a permis la création d'une combinaison entre les systèmes embarqués et les systèmes distribués ayant engendré les Réseaux de Capteurs Sans Fils ou RCSFs (Wireless Sensor Networks).

Les capteurs apparaissent comme des systèmes autonomes miniaturisés, équipés d'une unité de traitement et de stockage de données, d'une unité de transmission sans fils et d'une batterie. Organisés sous forme de réseau, les capteurs (ou nœuds) d'un RCSF, malgré la limitation de leurs ressources de calcul, de stockage et d'énergie, ont pour mission de récolter des données et les faire parvenir à une station de base.

Par principe, les nœuds du réseau ont un mode d'organisation spontané (ils forment donc un réseau ad hoc) car ils sont prévus pour être déployés rapidement et arbitrairement.

Les réseaux de capteurs sans fils sont de plus en plus utilisés dans des applications de surveillance de grands systèmes dans une variété de domaines : le militaire, l'environnement, la santé, l'habitat, l'éthologie, etc. Leur remarquable essor est dû à leur taille de plus en plus réduite, leurs prix de plus en plus faible ainsi que leur support de communication sans fils attrayant peu encombrant mais également peu sécurisant.

La sécurité est une nécessité pour la majorité des applications qui utilisent les RCSFs, notamment si les nœuds capteurs sont déployés dans des endroits peu sûrs, tels que les champs de bataille, les lieux stratégiques (aéroports, bâtiments critiques, etc.). Ces nœuds capteurs qui opèrent dans des lieux difficiles d'accès, sans protection et sans possibilité de rechargement de batterie, peuvent être soumis à des actions perturbatrices et malveillantes susceptibles de compromettre l'essence même d'un RCSF. C'est pourquoi, il est primordial de pouvoir leur assurer un niveau de sécurité acceptable. Compte tenu de leurs spécificités contraignantes, la sécurité dans ce type de réseaux relève d'un véritable challenge. Comme l'objectif premier des nœuds d'un RCSF est de rassembler des données de surveillance et de les transmettre à un lieu de décision, cette opération doit se faire sans interférences malicieuses et avec un niveau de sécurité approprié.

La cryptographie permet de garder secrètes les informations transmises à travers les réseaux, mais elle nécessite des techniques assurant la distribution, l'établissement et la gestion des clés cryptographiques utilisées dans l'opération de chiffrage (/déchiffrage). Par le passé, divers protocoles basés sur la cryptographie asymétrique et d'autres sur la cryptographie symétrique ont été proposés dans la littérature. Basés généralement sur la méthode de pré-distribution de clés, ces protocoles essayent de fournir une gestion de clés plus ou moins légère et assurant une sécurité robuste. Toutefois, de part leurs contraintes spécifiques, les RCSFs sont réfractaires aux protocoles cryptographiques traditionnels, il y a lieu donc de leur adapter ou de concevoir des protocoles propres et conformes à leurs exigences.

Dans ce livre, nous nous proposons d'étudier les différents protocoles de gestion des clés proposés pour les RCSFs, d'examiner leurs capacités à résister à diverses attaques et leurs aptitudes à minimiser l'usage des ressources déjà limitées dans ce contexte. Après quoi, notre objectif est de pouvoir proposer un protocole de gestion des clés permettant de s'acquitter de sa tâche tout en garantissant une économie d'énergie, ressource très critique dont dépend essentiellement la durée de vie d'un RCSF.

Organisation du livre

Ce livre est organisé comme suit :

Dans le chapitre I, nous présentons un préambule sur la communication sans fils, les réseaux ad hoc, l'architecture et les caractéristiques des RCSFs. En suite, sont abordés l'aspect sécurité ; terminologie, principaux concepts cryptographiques, la cryptanalyse, et quelques algorithmes de cryptographie dans le chapitre II. Dans le chapitre III, nous effectuons une analyse de vulnérabilité, les buts de sécurité, les attaques dans les RCSFs et nous conclurons ce chapitre par trois conclusions pour sécuriser les RCSFs. Le chapitre IV est consacré à la classification des différents protocoles de gestion de clés, ainsi que les métriques utilisées pour comparer ces différents protocoles.

Nous proposerons notre protocole STKM (dans sa première version, une version amélioré de notre protocole est publié dans [76]) et son évaluation dans le chapitre V. Nous terminerons par une comparaison de notre solution avec celles des autres protocoles examinés au chapitre IV précédent.

Chapitre I

Les réseaux de capteurs sans fils

1. Introduction

Les technologies actuelles en matière de réalisation de composants électroniques, et en particulier de microprocesseurs, permettent de développer des équipements de taille et de poids de plus en plus réduits. Cela a permis l'apparition d'objets informatique portables de plus en plus puissants, tels que les ordinateurs portables et les assistants personnels (PDA), ainsi que la communication entre ces équipements qui est de type sans fils.

L'utilisation d'une interface sans fils introduit des différences par apport à la communication par câble.

Tout d'abord, le spectre radio, et donc la capacité disponible pour le transfert de données, est limité par la réglementation. Là où un ajout de câble suffit pour augmenter le nombre d'utilisateurs pouvant être satisfait sur un réseau fixe, la bande de fréquences occupée par un réseau mobile ne peut être étendue. Cette restriction limite également le débit disponible imposant la nécessité d'une utilisation efficace du canal.

En suite, la qualité des liens radio peut varier avec le temps au gré des diverses interférences et de la mobilité des nœuds. Cette situation mène donc à un taux d'erreur de transmission plus important que sur un réseau filaire et surtout à un taux très fluctuant.

Les avancées faites dans la miniaturisation des systèmes électromécaniques (MEMS) ont permis l'apparition d'un nouveau type de réseaux sans fils : les réseaux de capteurs. Ces réseaux sont un type particulier de réseaux ad hoc. Ils utilisent un grand nombre de dispositifs appelés nœuds. Ces objets peuvent recueillir et transmettre des données environnementales de manière autonome.

Il n'y a pas si longtemps, la seule solution pour acheminer les données du capteur jusqu'au contrôleur central était le câblage qui avait comme principaux défauts d'être coûteux et encombrant.

2. Bref historique des télécommunications

La télécommunication est toute transmission, émission ou réception de signes, de signaux, d'écrits, d'images, de sons ou de renseignements de touts nature, par fil, radioélectricité, optique ou autres systèmes électromagnétiques.

2.1. Le fil comme support de communication

Dans les années 1840, l'américain Samuel Morse invente un télégraphe électrique simple : des piles, un interrupteur, un électro-aimant et des fils suffisent.

L'appareil de Morse, qui transmit le premier télégramme public en 1844, ressemblait à un simple commutateur électrique. Il permettait le passage d'un courant pendant une durée prédéfinie puis l'interrompait, le tout étant commandé avec la pression d'un doigt. Le premier récepteur Morse était équipé d'un crayon contrôlé électromagnétiquement. Ce crayon imprimait des marques sur une bande de papier, fixée sur un cylindre animé par un mouvement d'horlogerie. Les marques variaient en longueur suivant la durée des impulsions du courant électrique passant à travers les fils d'un électro-aimant et prenaient la forme visuelle de points et de traits. Par la suite, les opérateurs apprirent à reconnaître directement à l'oreille les traits et les points qui leur étaient transmis. Son appareil fut adopté par la plupart des pays européens et des réseaux nationaux basés sur le télégraphe de Morse virent le jour aux états Unis, en France, en Angleterre... En 1866, après plusieurs essais infructueux, le premier câble transatlantique fut installé et avec lui, le premier véritable réseau mondial de télécommunication se développa. Aux environs de 1940, la première ère de l'informatique moderne fit son apparition. Rapidement, l'adaptation des technologies de télécommunications à l'informatique fut rapidement incontournable. En 1957, le ministère de la défense américain crée l'agence pour les projets de recherche avancée (ARPA). Dans ce cadre, le besoin de faire communiquer les différentes équipes de recherche aux quatre coins des états Unis se fait ressentir. Ce besoin a mené les chercheurs de l'ARPA à créer l'ARPANET, réseau destiné à relier entre elles les différentes universités du pays, qui grâce à la standardisation du modèle TCP/IP [1], évoluera vers l'Internet que nous connaissons actuellement.

2.2. *La communication sans fils*

Depuis peu, les systèmes de communication sans fils offrent aux utilisateurs la possibilité de profiter des joies des télécommunications quelle que soit leur localisation géographique. Pourtant, la communication sans fils est presque aussi vieille que la communication filaire...

En 1887, Heinrich Hertz vérifie par l'expérience les théories de Maxwell. Ces dernières, établies de façon mathématique par James Maxwell, nous disent que toute perturbation électrique donne naissance à des oscillations électromagnétiques. Ces oscillations seront amenées à êtres connues sous le nom d'ondes hertziennes. En 1890, Edouard Branly découvre le premier récepteur sensible aux ondes hertziennes. A partir des travaux de Branly, l'italien Gugliemo Marconi invente le premier appareil de télégraphie sans fils en 1895. Puis, Marconi va de succès en succès en augmentant les distances de transmission pour atteindre, en 1903, la transmission complète d'un message sur une distance de 3400 km !

Jusqu'à la fin des années 1980, la technologie sans fils a surtout été utilisée dans le cadre de la radio, de la télévision ou des communications réservées à d'importants organismes comme l'armée. L'arrivée des téléphones cellulaires GSM (Global System for Mobile communication) a offert à tous la possibilité de communiquer de n'importe où, avec n'importe qui. Cependant, un tel dispositif nécessite le déploiement d'une infrastructure coûteuse devant assurer le relais entre les téléphones portables et le réseau téléphonique filaire.

3. Les réseaux sans fils

3.1. Réseaux ad hoc

Un réseau sans fils ad hoc (ou MANET, pour Mobile Ad hoc NETwork [2]) est formé par un ensemble d'hôtes qui s'organisent seuls et de manière totalement décentralisée, formant ainsi un réseau autonome et dynamique ne reposant sur aucune infrastructure filaire. Ces hôtes peuvent être fixes ou mobiles. Selon ces hypothèses, tout ensemble d'objets munis d'une interface de communication adéquate est susceptible de spontanément former un tel réseau. Aucune infrastructure n'étant disponible, ces objets ont donc à découvrir dynamiquement leur environnement. Un réseau ad hoc étant avant tout un réseau sans fils, les objets communiquent entre eux par le biais d'une interface radio. Ces communications sont donc soumises aux phénomènes physiques qui régissent les ondes radio, telle qu'une forte atténuation du signal avec la distance. Ainsi, seuls les hôtes suffisamment proches les uns des autres sont capables de communiquer directement ensemble, et les communications de longue distance doivent s'effectuer par le biais d'un mécanisme nommé multi-sauts : cela signifie simplement que certains objets doivent relayer les messages de proche en proche jusqu'à ce que leur acheminement soit effectué. L'utilisation d'une antenne radio omnidirectionnelle implique également qu'un message envoyé par un émetteur quelconque est reçu par tous les récepteurs suffisamment proches de lui.

La figure 1.1 illustre un réseau sans fils classique tel que l'on peut par exemple en trouver dans les gares et les aéroports. L'infrastructure y est composée de deux points d'accès P_1 et P_2 reliés grâce à une liaison filaire classique, et qui servent de points d'entrée aux hôtes du réseau. Lorsque l'objet a

désire communiquer avec l'objet *d*, il envoie les messages à P_1 qui les fait suivre à P_2, ce dernier les envoyant à *d*.

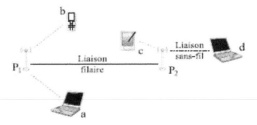

Figure 1.1 : Réseau sans fils classique.

La figure 1.2 illustre un réseau ad hoc pour lequel aucune infrastructure n'est nécessaire pour que les hôtes puissent communiquer ensemble. L'objet *c* doit donc servir de relais afin que *a* puisse communiquer avec *d*.

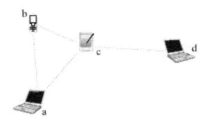

Figure 1.2 : Réseau sans fils ad hoc.

Les applications de ces réseaux sont multiples, et concernent principalement les zones où une infrastructure filaire est indisponible ou non désirable. C'est par exemple le cas dans les zones sinistrées par un désastre naturel, où les secours ont un grand besoin de communication. C'est aussi le cas lorsque la rapidité et la discrétion sont des facteurs déterminants : on ne peut raisonnablement imaginer le déploiement d'une infrastructure de communication complète lors de manœuvres militaires en territoire ennemi. D'autres cas plus légers d'utilisation peuvent également survenir. Ainsi, pour des raisons de coût, il n'est, par exemple, pas possible de mettre en place une infrastructure filaire le temps d'une réunion en plein air. Dans tous ces exemples, l'utilisation d'un réseau ad hoc peut s'avérer indispensable.

La conception de protocoles de communication pour les réseaux ad hoc est principalement soumise à trois facteurs, qui peuvent être résumés comme suit :

12

Energie limitée. Les hôtes fonctionnent grâce à une batterie, dont la durée de vie est généralement limitée à quelques heures d'utilisation ; les communications doivent donc être réduites au strict minimum.

Autonomie de décision. Aucune autorité centrale n'est présente pour gérer les opérations des différents hôtes, le réseau est donc entièrement décentralisé.

Topologie dynamique. Les hôtes sont mobiles et peuvent être connectés entre eux de manière arbitraire. Les liens radio changent régulièrement, lorsque les objets se déplacent, s'éteignent, ou lorsque des obstacles apparaissent ou disparaissent.

3.2. Réseaux de capteurs sans fils (RCSF)

3.2.1. Qu'est ce qu'un capteur (senseur)?

C'est un système qui sert à détecter, sous forme de signal souvent électrique, un phénomène physique afin de le représenter.

Les capteurs sont des petits appareils dotés d'une batterie, capables de communiquer entre eux et de détecter des événements s'ils se trouvent à l'intérieur de leur rayon de perception.

Un capteur est un petit appareil doté de mécanismes lui permettant de relever des informations sur son environnement. La nature de ces informations varie très largement selon l'utilisation qui est faite du capteur : ce dernier peut tout aussi bien faire des relevés de température, d'humidité ou d'intensité lumineuse. Un capteur possède également le matériel nécessaire pour effectuer des communications sans fils par ondes radio [3].

3.2.2. Définition d'un RCSF

Les réseaux de capteurs sans fils sont considérés comme un type spécial des réseaux ad hoc où l'infrastructure fixe de communication et l'administration centralisée sont absentes et les nœuds jouent, à la fois, le rôle des hôtes et des routeurs. Les nœuds capteurs sont des capteurs intelligents "smart sensors", capables d'accomplir trois tâches complémentaires : le relevé d'une grandeur physique, le traitement éventuel de cette information et la communication avec d'autres capteurs. L'ensemble de ces capteurs, déployés pour une application, forme un réseau de capteurs. Le but de celui-ci est de surveiller une zone géographique, et parfois d'agir sur celle-ci (il s'agit alors de réseaux de capteurs-actionneurs). On peut citer comme exemples un réseau détecteur de feu de forêt, ou un réseau de surveillance de solidité d'un pont après un tremblement de terre. Le réseau peut comporter un grand nombre de nœuds (des milliers). Les capteurs sont placés de manière plus ou moins aléatoire (par exemple par largage depuis un hélicoptère) dans des environnements pouvant être dangereux. Toute intervention humaine après le déploiement des nœuds capteurs est la plupart du temps exclue, le réseau doit donc s'autogérer. Afin que les nœuds capteurs travaillent

13

d'une façon coopérative, les informations recueillies sont partagées entre eux par voie hertzienne. Le choix du lien radio plutôt que du lien filaire permet un déploiement facile et rapide dans un environnement pouvant être inaccessible pour l'être humain [3, 5].

3.2.3. Objectif de base des RCSFs

Les objectifs de base des réseaux de capteurs sans fils dépendent généralement des applications, cependant les tâches suivantes sont communes à plusieurs applications :

- Déterminer les valeurs de quelques paramètres suivant une situation donnée. Par exemple, dans un réseau environnemental, on peut chercher à connaître la température, la pression atmosphérique, la quantité de la lumière du soleil, et l'humidité relative dans un nombre de sites, etc.

- Détecter l'occurrence des événements dont on est intéressé et estimer les paramètres des événements détectés. Dans les réseaux de contrôle de trafic, on peut vouloir détecter le mouvement de véhicules à travers une intersection et estimer la vitesse et la direction du véhicule.

- Classifier l'objet détecté. Dans un réseau de trafic, un véhicule est-il une voiture, un bus, etc.

3.2.4. Types de réseaux

Les RCSFs peuvent être classifiés selon deux points de vue :

- Le model dynamique de réseau
  - Soit le réseau est constitué d'un ensemble de capteurs mobiles évoluant dans un environnement statique. Le but de tels réseaux est la plupart du temps l'exploration de zones inaccessibles ou dangereuses. Les travaux de recherche sont souvent orientés robotique, les nœuds jouant à la fois le rôle de capteur et d'actionneur.
  - Soit le réseau est constitué de capteurs fixes servant à la surveillance d'occurrence d'évènements sur une zone géographique [4]. Ici, le réseau n'effectue que la surveillance, les données mesurées sont transmises en mode multi-sauts à un nœud spécifique appelé « puits » qui est chargé, après réception, de mettre en œuvre les actions nécessaires. Ce puits peut être connecté, de manière filaire par exemple, à un autre réseau.
- Le model de délivrance de données
  - Soit les capteurs transmettent périodiquement les informations recueillies (délivrance de données continue).
  - Soit le capteur transmet des informations à la détection d'un évènement (délivrance de données basée évènement en anglais "event-driven").

14

- C'est à l'utilisateur de lancer une requête pour avoir l'information (en anglais "observer-initiated").

- Délivrance de données hybride où on trouve les différentes délivrances citées avant au même temps.

3.3. Comparaison réseaux de capteurs et réseaux ad hoc

Le tableau suivant illustre la différence entre un RCSF et un réseau ad hoc :

Senseurs ou capteurs	Ad hoc
Objectif ciblé	Générique / communication
Nœuds collaborent pour remplir un objectif	Chaque nœud a son propre objectif
Flot de données tous vers un (Many-to-one)	Flot tous vers tous (Any-to-any)
Très grand nombre de nœuds n'ayant pas tous un identificateur ID	Notion d'ID
Énergie est un facteur déterminant, nœud capteur sujet aux pannes	Débit est majeur

Tableau 1.1 : Comparaison senseurs / ad hoc.

4. Architecture de base d'un capteur

Un capteur est composé de quatre éléments principaux :

- Un élément qui se charge de mesurer l'environnement extérieur (unité de capture),

- Une unité de calcul,

- Un élément émetteur / récepteur,

- Une alimentation.

Trois composants additionnels peuvent être implantés dans un capteur :

- Un système de recherche d'emplacement,

- Un générateur d'alimentation,

- Une unité mobile (permettant de faire bouger le capteur).

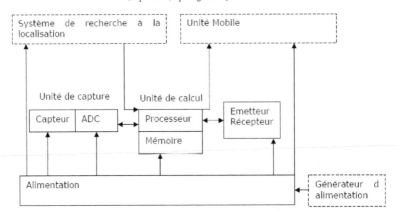

Figure 1.3 : Architecture de base d'un capteur [3].

➢ *Capteur :* L'unité de capture où élément capteur est composée de deux sous éléments :
- Le capteur récupérant des données analogiques,
- Un convertisseur faisant passer les données analogiques du capteur à des données numériques (appelée ADC pour analog to digital convertor) envoyées à une unité de calcul.

➢ *Unité de calcul :* Le composant regroupe :
- Un processeur,
- Une unité de mémoire réduite.

Il permet de stocker les données, exécute les taches de perception qui lui sont assignées.

➢ *Émetteur/Récepteur :* élément permettant de connecter le capteur au réseau.

➢ *Alimentation :* la source d'énergie pour le capteur, comme tout dispositif embarqué, ils disposent d'une alimentation autonome telle qu'une batterie.

5. *Architecture d'un RCSF*

L'architecture du réseau de capteurs est montrée dans la figure suivante (Figure 1.4). L'utilisateur accède à distance aux données capturées à travers un nœud appelé le nœud directeur de tâche "Task Manager Node". Le nœud directeur de tâche est relié à l'Internet ou au satellite à travers un nœud destinataire "puits" (sink en anglais). Ce dernier agit en tant que passerelle pour le réseau de capteurs, c'est-à-dire qu'il relie des réseaux de capteurs à d'autres réseaux. Ce nœud est responsable, en plus de la collecte des rapports, de la diffusion des demandes sur les types de données requises aux capteurs via des messages de requêtes. Il a également d'autre capacité de traitement de l'information pour une transformation ultérieure s'il y a lieu. Les nœuds capteurs sont habituellement dispersés dans une zone de capture appelée *champ de captage*. Les nœuds capteurs rassemblent les données et les conduisent au destinataire. De cette manière, les utilisateurs peuvent rechercher l'information dans les nœuds destinataires pour surveiller et commander l'environnement à distance. Notons qu'un réseau de capteurs peut contenir plusieurs nœuds puits diffusant des intérêts (ce sont la description des données requises par le nœud destinataire en utilisant une appellation combinée attribut-valeur) différents. Par exemple, un nœud puits peut demander à tous les capteurs se trouvant dans la région nord du champ de captage d'envoyer un rapport de température chaque 1 minute, pendant qu'un autre peut être intéressé seulement par les hautes températures (> 40°C) dans la région sud. Par conséquent, un capteur doit pouvoir stocker toutes les requêtes reçues, et les traiter séparément [5].

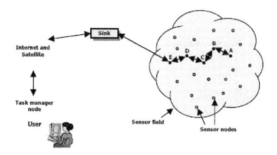

Figure 1.4 : Architecture d'un réseau de capteurs.

6. La pile protocolaire dans un RCSF

Le rôle de cette pile consiste à standardiser la communication entre les participants afin que différents constructeurs puissent mettre au point des produits (logiciels ou matériels) compatibles.

Ce modèle comprend 5 couches qui ont les mêmes fonctions que celles du modèle OSI ainsi que 3 couches pour la gestion de la puissance, la gestion de la mobilité et la gestion des tâches.

Le but d'un système en couches est de séparer le problème en différentes parties (les couches) selon leur niveau d'abstraction.

Chaque couche du modèle communique avec une couche adjacente (celle du dessus ou celle du dessous). Chaque couche utilise ainsi les services des couches inférieures et en fournit à celle de niveau supérieur.

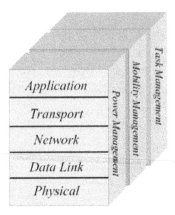

Figure 1.5 : Pile protocolaire d'une architecture de réseau de senseurs [9].

6.1. La couche physique

S'occupe de la spécification du câblage, des fréquences porteuses, etc. …

Cette couche doit assurer des techniques d'émission, de réception et de modulation de données d'une manière robuste.

6.2. La couche liaison

Elle spécifie comment les données sont expédiées entre deux nœuds/routeurs dans une distance d'un saut. Elle est responsable du multiplexage des données, du contrôle d'erreurs, de l'accès sur le media, …

Elle assure la liaison point à point et point à multipoint dans un réseau de communication.

Elle est composée de la couche de contrôle de liaison logique (LLC pour Logical Link Control) qui fournit une interface entre la couche liaison et la couche réseau en encapsulant les segments de messages de la couche réseau avec des informations d'entête additionnelles, et la couche de contrôle d'accès au médium (MAC pour Medium Access Control) qui contrôle la radio.

Comme l'environnement des réseaux de capteurs est bruyant et les nœuds peuvent être mobiles, la couche de liaison de données doit garantir une faible consommation d'énergie et minimiser les collisions entre les données diffusées par les nœuds voisins.

6.3. La couche réseau

Cette couche permet de gérer l'adressage et le routage des données, c'est-à-dire leur acheminement via le réseau.

6.4. La couche transport

Cette couche est chargée du transport des données, de leur découpage en paquets, du contrôle de flux, de la conservation de l'ordre des paquets et de la gestion des éventuelles erreurs de transmission.

6.5. La couche application

Cette couche assure l'interface avec les applications. Il s'agit donc du niveau le plus proche des utilisateurs, géré directement par les logiciels.

6.6. Le niveau de gestion d'énergie

Les fonctions intégrées à ce niveau consistent à gérer l'énergie consommée par les capteurs. Dès lors, un capteur peut par exemple éteindre son interface de réception dès qu'il reçoit un message d'un nœud voisin afin d'éviter la réception des messages dupliqués. De plus, quand un nœud possède un niveau d'énergie faible, il peut diffuser un message aux autres capteurs pour ne pas participer aux tâches de routage, et conserver l'énergie restante aux fonctionnalités de capture [3].

6.7. Le niveau de gestion de mobilité

Ce niveau détecte et enregistre tous les mouvements des nœuds capteurs, de manière à leur permettre de garder continuellement une route vers l'utilisateur final, et maintenir une image récente sur les nœuds voisins. Cette image est nécessaire pour pouvoir équilibrer l'exécution des tâches et la consommation d'énergie [3].

6.8. Le niveau de gestion des tâches

Lors d'une opération de capture dans une région donnée, les nœuds composant le réseau ne doivent pas obligatoirement travailler avec le même rythme. Cela dépend essentiellement de la nature du capteur, son niveau d'énergie et la région dans laquelle il a été déployé. Pour cela, le niveau de gestion des tâches assure l'équilibrage et la distribution des tâches sur les différents nœuds du réseau afin d'assurer un travail coopératif et efficace en matière de consommation d'énergie, et par conséquent, prolonger la durée de vie du réseau [3].

7. Caractéristiques d'un capteur

Un capteur est doté des caractéristiques suivantes :

- Capable de calculer
- Capable de communiquer
- Capte toujours

- Préposition / déploiement aléatoire

- Limitation de la durée de vie des batteries

- Densité (petit / grand nombre)

- La rapidité : c'est le temps de réaction d'un capteur entre la variation de la grandeur physique qu'il mesure et l'instant où l'information prise en compte par la partie commande.

- L'étendue de la mesure : c'est la différence entre le plus petit signal détecté et le plus grand perceptible sans risque de destruction pour le capteur.

- La sensibilité : c'est la plus petite variation d'une grandeur physique que peut détecter un capteur.

8. Application concrète d'un RCSF

Comme beaucoup de technologie, le développement des RCSFs a été suscité par des besoins militaires. En effet, les armées souhaitent être en mesure d'espionner discrètement leurs ennemis. L'absence de câbles entre les nœuds, leur faible taille, le nombre élevé de capteurs déployables pour couvrir une zone étendue répondent à ces critères. Ainsi plusieurs applications ont été réalisées dont le SOund SUrveillance System ou le Distributed Sensor Network [6].

Puis, la diminution des coûts de fabrication des capteurs ainsi que la réduction de leur taille a entraîné une utilisation dans des applications civiles. Ils peuvent par exemple être utilisés à des fins de surveillance environnementale. En effet, des capteurs peuvent être placés dans des régions glaciaires ou tropicales afin de suivre de manière précise les effets du réchauffement de la planète, les changements climatiques ou l'augmentation de la pollution [6]. Ils peuvent également être employés pour une surveillance de l'habitat car leur déploiement, par exemple en montagne, pourrait permettre de recenser les animaux fréquentant un territoire donné. Des applications industrielles peuvent également les adopter. Une idée d'utilisation pourrait être de placer ces instruments à des points spécifiques, par exemple aux points d'usure des machines ce qui permettrait d'émettre des alertes lorsque leur état général se dégrade [7]. Enfin, certains envisagent d'implanter des senseurs dans le corps humain. Ce qui permettrait de contrôler l'état de santé des patients et ainsi d'adapter leur traitement, de prévenir de la dégradation de leur état de santé et par conséquent d'être capable d'anticiper une hospitalisation en urgence [8].

9. Les réseaux de capteurs standards

Plusieurs gammes de produits sont actuellement commercialisées, mais la normalisation pourrait encore modifier les choses. Les groupes de travail qui se chargent de cette normalisation proviennent de l'IEEE aux États-Unis et de l'ETSI en Europe. La figure 1.6 décrit les différentes catégories de réseaux suivant leur étendue et la figure 1.7 les normes existantes.

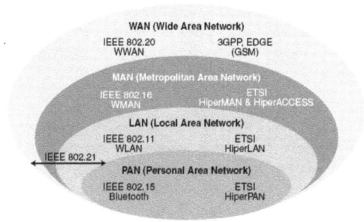

Figure 1.6 : Catégories des réseaux sans fils [20].

Les principales normes sont IEEE 802.15, pour les petits réseaux personnels d'une dizaine de mètres de portée, IEEE 802.11, ou Wi-Fi (Wireless-Fidelity), pour les réseaux WLAN (Wireless Local Area Network), IEEE 802.16, pour les réseaux WMAN (Wireless Metropolitan Area Network) atteignant plus de dix kilomètres, et IEEE 802.20, pour les réseaux WWAN (Wireless Wide Area Network), c'est-à-dire les très grands réseaux.

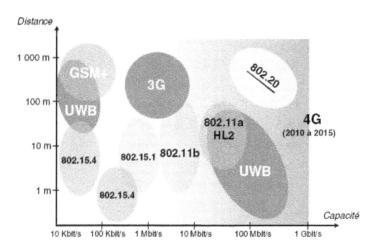

Figure 1.7 : Principales normes des réseaux sans fils [20].

Dans ce qui suit, nous allons présenter les RCSFs standards qui ont été étudiés dans la littérature.

9.1. IEEE 802.15.1

IEEE 802.15.1, le plus connu, prend en charge la norme Bluetooth, aujourd'hui largement commercialisée. Mais cette norme est rarement utilisée dans RCSFs à cause de sa consommation importante d'énergie.

9.2. IEEE 802.15.3

IEEE 802.15.3 définit la norme UWB (Ultra-Wide Band), qui met en œuvre une technologie très spéciale, caractérisée par l'émission à une puissance extrêmement faible, sous le bruit ambiant, mais sur pratiquement l'ensemble du spectre radio (entre 3,1 et 10,6 GHz). Les débits atteints sont de l'ordre du gigabit par seconde sur une distance de 10 mètres [20].

9.3. IEEE 802.15.4

Les réseaux micro-capteurs sans fils ont été l'objet de recherches intensives ces dernières années, ils émergent maintenant dans des applications industrielles. Une étape importante dans cette transition a été le dégagement de la norme d'IEEE 802.15.4 qui indique l'interopérabilité dans la couche physique et la couche MAC (Medium Access Control) visant la radio de transmission du nœud capteur [21, 22]. L'IEEE 802.15.4 standard supporte différentes topologies de réseaux. Dans cette norme, deux types de topologies sont discutés : la topologie en étoile "Star" et la topologie paire à paire "Peer-to-peer". La norme d'IEEE 802.15.4 présente deux types de nœuds : un nœud avec une charge complète (Full Function Device (FFD)) et un nœud avec une charge réduite (Reduced Function Device (RFD)).

La norme indique que le réseau soit coordonné par un des FFDs, ce dernier peut router des données (contrairement au RFD). Dans cette norme, la topologie en étoile met l'accent sur la durée de vie des batteries puisque chaque RFD est relié directement au coordonnateur. Par contre la topologie paire à paire s'intéresse à la fiabilité et à la scalabilité (scalability) puisque tous les nœuds sont des FFDs et peuvent donc être reliés ensemble. La norme IEEE 802.15.4 peut supporter d'autres topologies, par exemple la topologie arbre de cellules "Cluster tree" qui combine les deux topologies précédentes (étoile et paire à paire ou maillé "Mesh"). Les différentes topologies du réseau supportées par IEEE 802.15.4 sont montrées dans la figure suivante [23, 22] :

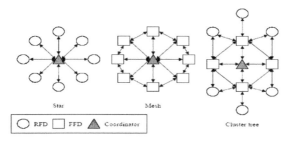

Figure 1.8 : Les topologies du réseau supportées par IEEE 802.15.4 [24].

9.4. ZigBee Alliance

En 2002, ZigBee Alliance a été constituée par une association d'entreprises. Le but de ZigBee Alliance est de développer des produits de contrôle fiables avec un coût réduit, et qui ne demandent pas beaucoup d'énergie. Ces produits doivent pouvoir être gérés par un réseau sans fils en utilisant une norme standard globale. Zigbee Alliance fonctionne globalement sur la bande de fréquences des 2,4 GHz mais également à 915 MHz en Amérique et à 868 MHz en Europe. Les débits offerts sont : 250 Kbits/s à 2.4 GHz (10 canaux), 40 Kbits/s à 915 MHz (6 canaux) et 20 Kbits/s à 868 MHz (1 canal). ZigBee Alliance permet de connecter jusqu'à 255 matériels par réseau sur une portée allant jusqu'à 100 mètres. ZigBee Alliance a été ratifiée en Août 2003 sous la norme IEEE 802.15.4 [24].

9.5. IEEE 1451.5

La famille des normes IEEE 1451.5 est prise en charge par le comité technique de la technologie d'instrumentation de capteurs IEEE (Institute of Electrical and Electronics Engineers) de la société de mesure. L'IEEE 1451.5 a été lancé afin de développer une norme pour les méthodes de communication sans fils ainsi que le format de données des transducteurs (Un transducteur : est un moyen qui permet la conversion de l'énergie d'un type à un autre par exemple, l'énergie magnétique en énergie électronique et vice versa). Le but de ce standard est de développer des transducteurs intelligents "smart transducer"[19] pour les capteurs. Plusieurs interfaces et protocoles de communication sans fils sont développés pour les réseaux de capteurs par de différents fabricants. Ces interfaces et protocoles de communication sont spécifiés par des fournisseurs. L'IEEE 1451.5 qui accepte les diverses technologies existantes augmentera l'acceptation sur le marché et permettra la connectivité entre les dispositifs de différents fournisseurs [23].

10. Facteurs et contraintes conceptuelles des RCSFs

La conception des RCSFs, leurs protocoles et algorithmes sont guidés par plusieurs facteurs:

10.1. La tolérance aux fautes

Le réseau doit être capable de maintenir ses fonctionnalités sans interruption en cas de défaillance d'un de ses capteurs. Cette défaillance peut être causée par une perte d'énergie, dommage physique ou interférence de l'environnement. Le degré de tolérance dépend du degré de criticité de l'application et des données échangées.

Un premier défi sera donc d'identifier et de modéliser formellement les modes de défaillances des capteurs, puis de repenser aux techniques de tolérance aux fautes à mettre en œuvre sur le terrain.

La fiabilité $R_K(t)$ d'un nœud de capteur est modelée en [9] par une distribution de Poisson pour capturer la probabilité de ne pas avoir un échec dans un intervalle de temps (0 ; t) :

$$R_K(t) = \exp(\lambda_K t)$$

Où : λ_K est le taux de défaillance d'un nœud de capteur k et t c'est la période de temps.

10.2. L'échelle (Scalabilité)

Une des caractéristique des RCSFs est qu'ils peuvent contenir des centaines voir des milliers de nœuds capteurs. Le réseau doit être capable de fonctionner avec ce nombre de capteurs tout en permettant l'augmentation de ce nombre et la concentration (densité) des nœuds dans une région (pouvant dépasser 20 nœuds/m³).

Un nombre aussi important de nœuds engendre beaucoup de transmissions inter nodales (implémentation d'une détection d'erreur, d'un contrôle de flux,..) et nécessite que le puits soit équipé de beaucoup de mémoire pour stocker les informations reçues.

10.3. Système d'exploitation

TinyOS est parmi les systèmes d'exploitation open-source pour les réseaux de capteurs conçu par l'université américaine de BERKELEY. Le caractère open-source permet à ce système d'être régulièrement enrichie par une multitude d'utilisateurs. Sa conception a été entièrement réalisée en NesC, langage orienté composant syntaxiquement proche du C. Il respecte une architecture basée sur une association de composants, réduisant ainsi la taille du code nécessaire à sa mise en place. Cela s'inscrit dans le respect des contraintes de mémoires qu'observent les capteurs pourvus de ressources très limitées dues à leur miniaturisation. Pour autant, la bibliothèque de composants de TinyOS est particulièrement complète puisqu'on y retrouve des protocoles réseaux, des pilotes de capteurs et des outils d'acquisition de données. Un programme s'exécutant sur TinyOS est constitué d'une sélection de composants systèmes et de composants développés spécifiquement pour l'application à laquelle il sera destiné (mesure de température, du taux d'humidité...). TinyOS s'appuie sur un fonctionnement évènementiel, c'est-à-dire qu'il ne devient actif qu'à l'apparition de

24

certains évènements, par exemple l'arrivée d'un message radio. Le reste du temps, le capteur se trouve en état de veille, garantissant une durée de vie maximale connaissant les faibles ressources énergétiques des capteurs.

10.4. Sécurité physique limitée

Les réseaux de capteurs sans fils sont plus touchés par le paramètre de sécurité que les réseaux filaires classiques. Cela se justifie par les contraintes et limitations physiques qui font que le contrôle des données transférées doit être minimisé.

10.5. Coût de production

Le coût de production d'un seul capteur est très important pour l'évaluation du coût global du réseau. Si ce dernier est supérieur à celui nécessaire pour le déploiement des capteurs classiques, l'utilisation de cette nouvelle technologie ne serait pas financièrement justifiée. Par conséquent, réduire le coût de production jusqu'à moins de 1 dollar par nœud est un objectif important pour la faisabilité de la solution des réseaux de capteurs sans fils [10].

10.6. L'environnement

Les nœuds capteurs peuvent être déployés à proximité ou à l'intérieur du phénomène observé. Ils peuvent ainsi, opérer dans des régions géographiques éloignées et sous certaines contraintes, telles que: des intersections encombrées, des tornades, des surfaces contaminées biologiquement ou chimiquement, attachés à des animaux, etc.

10.7. La topologie du réseau

Le déploiement d'un grand nombre de nœuds nécessite une maintenance de la topologie. Cette maintenance consiste en trois phases :

- o Déploiement
- o Post-déploiement (les senseurs peuvent bouger, ne plus fonctionner,…)
- o Redéploiement de nœuds additionnels [9].

10.8. Les contraintes matérielles

Comme nous l'avons mentionné précédemment, un nœud capteur peut contenir d'autres unités dépendantes de l'application du réseau. En effet, la plupart des opérations de capture et des algorithmes de routage dans les réseaux de capteurs sans fils requièrent la connaissance de la localisation des nœuds avec une grande précision, car ces nœuds sont déployés d'une manière aléatoire et fonctionnent d'une façon autonome. Ceci rend l'intégration d'une unité, consacrée au système de localisation, très commune dans un nœud capteur. C'est la raison pour laquelle souvent ces nœuds possèdent un système de localisation GPS, bien qu'il ait été montré que cette solution n'est pas fiable pour les réseaux de capteur sans fils. Une autre approche proposée dans [11] consiste à doter un nombre limité de nœuds avec le système GPS, et aider les autres nœuds à trouver leurs positions d'une manière terrestre. La conception des nœuds capteurs peut aller jusqu'à prévoir un système de mobilité du capteur pour le déplacer en cas de nécessité. Toutes ces unités peuvent exiger leur intégration dans un boîtier de taille minimale inférieure à un centimètre cube, et avec un poids très léger qui permet aux nœuds de rester suspendus dans l'air, si l'application l'exige. À part la taille, il existe d'autres contraintes exigeantes pour la construction des nœuds capteurs qui sont :

- o Consommer le minimum d'énergie,
- o Opérer dans une haute densité,
- o Avoir un coût de production réduit,
- o Être autonomes et pouvoir opérer sans assistance,
- o Être adaptatifs à l'environnement [10].

10.9. Média de transmission

Les nœuds communiquants sont reliés de manière sans fils. Ce lien peut être réalisé par radio, signal infrarouge ou un média optique [9].

Il faut s'assurer de la disponibilité du moyen de transmission choisi dans l'environnement de capture afin de permettre au réseau d'accomplir la totalité de ses tâches. Pour les liens de communication via les fréquences radio, les bandes ISM (Industrial Scientific Medical bands) peuvent être utilisées. Pour les réseaux de capteurs, les unités de transmission intégrées au niveau des nœuds doivent être de petite taille et à faible consommation d'énergie. En effet, les contraintes matérielles associées aux nœuds, ainsi que le compromis existant entre l'efficacité des antennes et la consommation d'énergie, limite le choix de la bande de fréquence utilisée sur les bandes à hautes fréquences [10].

10.10. La connectivité

Un réseau de capteurs est dit connecté si et seulement si, il existe au moins une route entre chaque paire de nœuds [12]. La connectivité dépend essentiellement de l'existence des routes. Elle est affectée par les changements de topologie dus à la mobilité, la défaillance des nœuds, les attaques, … etc. Ce qui a pour conséquences : la perte de liens, l'isolement des nœuds, le partitionnement du réseau, la mise à jours des routes (le routage), . . . etc.

Un graphe G est dit k-connecté, s'il y a au moins k chemins disjoints entre deux nœuds quelconques. La connectivité est une mesure de tolérance aux fautes ou de diversité de chemin dans le réseau. Le 1-connectivité est une condition fondamentale pour que le réseau soit opérationnel. En effet la connectivité d'un réseau s'exprime de la façon suivante [7] :

$$\mu(R) = \frac{N.\pi.R^2}{A}$$

Où : • R est le rayon de transmission d'un nœud

  • A l'aire de calcul

  • N le nombre de nœuds situé dans l'aire A

10.11. La consommation d'énergie

Comme les nœuds capteurs sont des composants micro-électroniques, ils ne peuvent être équipés que par des sources limitées d'énergie (<0.5 Ampère-heure, 1.2 V). De plus, dans certaines applications, ces nœuds ne peuvent pas être dotés de mécanismes de rechargement d'énergie, par conséquent, la durée de vie d'un nœud capteur dépend fortement de la durée de vie de la batterie associée. Sachant que les réseaux de capteurs sont basés sur la communication multi-sauts, chaque nœud joue à la fois un rôle d'initiateur de données et de routeur également. Le dysfonctionnement d'un certain nombre de nœuds entraîne un changement significatif sur la topologie globale du réseau, et peut nécessiter un routage de paquets différent et une réorganisation totale du réseau. C'est pour cela que le facteur de consommation d'énergie est d'une importance primordiale dans les réseaux de capteurs. La majorité des travaux de recherche menés actuellement se concentrent sur ce problème afin de concevoir des algorithmes et protocoles spécifiques à ce genre de réseau qui consomment le minimum d'énergie.

Dans les réseaux de capteurs, l'efficacité en consommation d'énergie représente une métrique de performance significative, qui influence directement sur la durée de vie du réseau en entier. Pour cela, les concepteurs peuvent, au moment du développement des protocoles, négliger les autres métriques de performances telles que la durée de transmission et le débit, au profit du facteur de consommation d'énergie [10]. En effet, La consommation de l'énergie dans un RCSF, peut être divisée selon l'ordre décroissant suivant [13] : La communication (émission et réception), traitement de données, et acquisition ou capture.

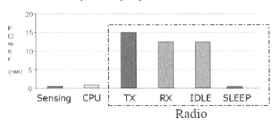

Figure 1.9 : Énergie consommée par les sous-systèmes d'un nœud de capteur.

Où RX signifie énergie pour réception, TX pour transmission, IDLE en écoute de canal, SLEEP est l'état sommeil.

10.11.1. Énergie de capture

Cette tâche est effectuée par l'unité de capture (Figure 1.3) qui traduit les phénomènes physiques en signal électrique et il peut être digital ou analogique. Il existe plusieurs types de ce composant qui mesurent les paramètres de l'environnement comme la température, le son, l'image, la pression, etc. Les sources de consommation d'énergie dans ces composants peuvent être : l'échantillonnage des signaux, la conversion des signaux physiques en signaux électriques, le traitement des signaux et la conversion analogique numérique. La consommation d'énergie par ces composants est dépendante de leurs tâches, les capteurs de température ou de tremblement de terre sont moins consommateurs d'énergie par rapport à ceux d'imagerie ou de vidéo [14].

Solution. L'énergie consommée lors de la capture peut être réduite en utilisant des composants à faible consommation mais en réduisant ainsi leurs performances. Ou bien par la suppression de la capture inutile en réduisant les durées de capture.

10.11.2. Énergie de traitements

Cette tâche inclut le contrôle des composants de capture et l'exécution des protocoles de communication et des algorithmes de traitement de signaux sur les données collectées. Elle est effectuée par des microprocesseurs. Le choix de ces derniers est en fonction du scénario de l'application, et il fait en général un compromis entre le niveau de performance et la consommation d'énergie [14].

Solution. Il existe deux approches pour la minimisation énergétique lors du traitement des données par un nœud capteur :

• L'approche partitionnement du système : consiste à transférer un calcul prohibitif en temps de calcul vers une station de base qui n'a pas de contraintes énergétiques et qui possède une grande capacité de calcul.

- L'approche DVS "Dynamic Voltage Scaling" : consiste à ajuster de manière adaptative la tension d'alimentation et la fréquence du microprocesseur pour économiser la puissance de calcul sans dégradation des performances [18].

10.11.3. Énergie de communication

L'énergie de communication représente la plus grande proportion de l'énergie totale consommée au niveau d'un nœud [15]. Cette communication est assurée dans la plupart des RCSFs par le support de transmission radio. La consommation d'énergie de ce dernier est affectée par plusieurs facteurs : le type du système de modulation, la quantité des données à communiquer, la puissance de transmission (déterminée par la distance de transmission), etc. [22, 16].

En général, les radios peuvent fonctionner dans quatre modes d'opération différents : transmission (La radio transmet un paquet), réception (La radio reçoit un paquet), actif "idle" (La radio est sous tension, mais elle n'est pas employée) et en sommeil (La radio est mise hors tension). Il a été montré que la radio consomme beaucoup plus d'énergie dans les modes transmission et réception. Cependant, le mode actif est également coûteux en énergie. Dans la plupart des cas, la consommation d'énergie est relativement élevée dans le mode actif, puisque ce dernier nécessite que le module radio soit mis sous tension et décode continuellement les signaux radios pour détecter l'arrivée des paquets.

Solution. La minimisation d'énergie pendant la communication est principalement liée aux protocoles développés pour la couche MAC [17] et la couche réseau. Le but des protocoles de cette dernière est de trouver les routes optimales en termes de consommation d'énergie. En effet, la perte d'énergie due à un mauvais acheminement des paquets de données a un impact sur la durée de vie du réseau.

11. Capteurs en images

Les capteurs se déclinent en une multitude de modèles en relation avec l'application à laquelle il est destiné. Parmi les modèles les plus courants, on trouve par exemple le capteur "weC" de l'université de Berkeley pour capter la température et la luminosité. La figure 1.10 montre les images de quelques capteurs.

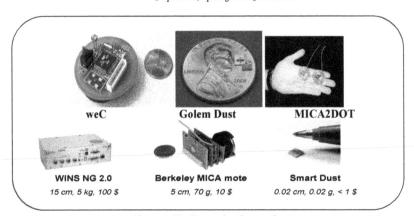

Figure 1.10 : Exemples de nœuds capteurs.

12. Conclusion

Les réseaux de capteurs restent une nouvelle technologie peu accessible au grand publique. Elle est principalement répandue dans les laboratoires de recherches.

Des progrès sont encore à réaliser dans ce domaine. Néanmoins ils correspondent à une certaine vision du futur et permettront des améliorations dans d'innombrables domaines de la vie quotidienne.

Chapitre II

Aspects généraux de la sécurité

---

1. Introduction

A l'heure actuelle, les besoins en matière de sécurité sont grandissants, et la tendance n'est certainement pas à la baisse. Mais pourquoi ?

Tout d'abord parce que le matériel informatique se répand de plus en plus. En effet, d'une part le matériel est accessible à un prix très abordable, et d'autre part, les logiciels tendent à se simplifier (au niveau de l'utilisation) et permettent une prise en main rapide. D'un autre coté, les entreprises, plus en plus informatisées, nécessitent des réseaux sécurisés pour le transfert des données, surtout avec les nouvelles technologies de communication sans fils.

L'essor des technologies sans fils offre aujourd'hui de nouvelles perspectives dans le domaine des télécommunications. L'évolution récente des moyens de la communication sans fils a permis le traitement de l'information à travers des unités de calcul miniatures ayant des caractéristiques particulières et accèdent au réseau à travers une interface de communication sans fils. Comparé à un environnement statique, ce nouvel environnement mobile permet aux unités de calcul une libre mobilité et ne pose aucune restriction sur la localisation des nœuds. En particulier, ils permettent la mise en réseau des nœuds dont le câblage serait trop onéreux à réaliser, voire même impossible. Les réseaux ad hoc, les réseaux de capteurs sont des illustrations de ces réseaux mobiles. Ils sont définis comme une collection d'entités mobiles (ou fixes), interconnectées par une technologie sans fils et formant un réseau « temporaire » sans l'aide d'aucune administration ou de support fixe. Aucune supposition ou limitation n'est faite sur la taille du réseau, ni sur la mobilité de ses nœuds.

La sécurité constitue actuellement l'un des principaux obstacles à un large déploiement des réseaux ad hoc. Sécuriser un réseau ad hoc revient à instaurer les différents services de sécurité dans ce réseau, tout en prenant en compte ses différentes caractéristiques.

2. Terminologie de base

Le schéma suivant illustre le mécanisme de chiffrement et déchiffrement d'un texte.

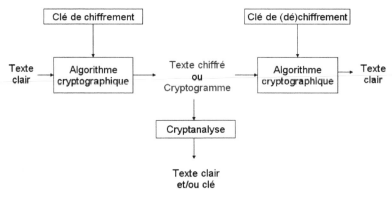

Figure 2.1 : Protocole de chiffrement.

- Cryptologie : Il s'agit d'une science mathématique comportant deux branches : la cryptographie et la cryptanalyse.

- Cryptographie : La cryptographie est l'étude des méthodes donnant la possibilité d'envoyer des données de manière confidentielle sur un support donné.

- Cryptanalyse : Opposée à la cryptographie, elle a pour but de retrouver le texte clair à partir de textes chiffrés en déterminant les failles des algorithmes utilisés.

- Chiffrement : Le chiffrement consiste à transformer une donnée (texte, message, ...) afin de la rendre incompréhensible par une personne autre que celui qui a créé le message et celui qui en est le destinataire. La fonction permettant de retrouver le texte clair à partir du texte chiffré porte le nom de déchiffrement.

- Texte chiffré : Appelé également *cryptogramme*, le texte chiffré est le résultat de l'application d'un chiffrement à un texte clair.

- Clé : Il s'agit du paramètre impliqué et autorisant des opérations de chiffrement et/ou déchiffrement. Dans le cas d'un algorithme symétrique, la clé est identique lors des deux opérations. Dans le cas d'algorithmes asymétriques, elle diffère pour les deux opérations.

- Entité (agent) : Quelqu'un ou quelque chose qui envoie, reçoit ou modifie de l'information. Elle peut être une personne physique ou morale, un ordinateur, etc. Amar et Brahim sont des entités.

- Expéditeur: Entité qui envoie légitimement de l'information dans une transmission à deux parties. Amar est l'expéditeur.

- Récepteur: Entité destinée à recevoir l'information dans une transmission à deux parties. Brahim est le récepteur.

- Adversaire: Entité qui n'est pas l'expéditeur ni le récepteur et qui tente de déjouer la sécurité d'une transmission à deux parties.

- Protocole : Une séquence d'étapes de communication et de calcul.

- Rôle : C'est une abstraction du protocole où l'emphase est mise sur un seul agent.

- Canal: Moyen de transport de l'information d'une entité à une autre.

- Canal sécuritaire : Canal qui n'est pas physiquement accessible à un adversaire.

- Canal sécurisé: Canal où l'adversaire n'a pas la possibilité de lire, de modifier ou d'effacer.

- Crypto système : Il est défini comme l'ensemble des clés possibles (espace de clés), des textes clairs et chiffrés possibles associés à un algorithme donné.

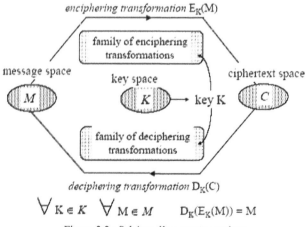

$$\forall K \in K \quad \forall M \in M \qquad D_K(E_K(M)) = M$$

Figure 2.2 : Schéma d'un crypto système.

Remarque : On parle de "décryptage" pour désigner l'action permettant de retrouver le texte clair sans connaître la clé de déchiffrement. On emploie également parfois les termes "cryptage" et "crypter" pour qualifier l'action de chiffrer un message. Les mots "encryptage" et "(en)cryptement" sont des anglicismes dérivés du verbe "to encrypt".

En cryptographie, la propriété de base est que $M = D(E(M))$

Où

– M représente le texte clair,

– C est le texte chiffré,

– K est la clé (dans le cas d'un algorithme à clé symétrique), E_K et D_K dans le cas d'algorithmes asymétriques,

– $E(x)$ est la fonction de chiffrement, et

– $D(x)$ est la fonction de déchiffrement.

3. Chiffrement

Un système cryptographique est une famille paramétrée de transformations inversibles S_K :

$$\{P\} \longrightarrow \{C\}$$

d'un espace $\{P\}$ de messages clairs vers un espace $\{C\}$ de messages chiffrés. Le paramètre K est appelé la clé et est élément d'un ensemble fini $\{K\}$ que l'on appelle l'espace des clés.

3.1. Chiffrement en chaîne (en continu)

Le chiffrement en chaîne consiste à chiffrer le texte clair au fur et à mesure de sa création ou de sa réception par le module de chiffrement. Un exemple classique est la réception de données de flux vidéo qui sont de type continu et non limité. Le chiffrement est donc traditionnellement effectué bit-à-bit sans attendre la réception complète des données à chiffrer.

3.2. Chiffrement par bloc

Le chiffrement par bloc scinde les données à chiffrer en blocs de taille fixe (souvent 64 ou 128 bits). Il est donc nécessaire soit de connaître le message clair complet avant de pouvoir le chiffrer, soit de placer les bits générés dans une mémoire d'agrégation et de chiffrer cette dernière dès que la taille de bloc utilisée est atteinte.

3.3. Chiffrement en chaîne vs chiffrement par bloc

- Chiffrement en chaîne chiffre un bit ou un octet à la fois, implique un temps de calcul élevé.
- Chiffrement par bloc : un bloc de texte claire est traité à la fois pour produire un bloc de texte chiffré de même longueur.

- La différence essentielle entre les deux réside dans la propagation des erreurs : chiffrement par bloc, une seule erreur corrompra au moins un bloc par contre un bit erroné entrainera un seul bit erroné déchiffré en continu.

4. Principe de Kerckhoffs

En 1881 Auguste KERCKHOFFS publie un ouvrage fondamental : La cryptographie militaire. En 64 pages il rassemble les connaissances cryptologiques de l'époque et énonce quelques principes qui guident encore les cryptologues.

« La sécurité du chiffre ne doit pas dépendre de ce qui ne peut pas être facilement changé. »

En d'autres termes, aucun secret ne doit résider dans l'algorithme mais plutôt dans la clé. Sans celle-ci, il doit être impossible de retrouver le texte clair à partir du texte chiffré. Par contre, si on connaît la clé K, le déchiffrement est immédiat.

Remarque : il faut distinguer les termes "Secret" et "Robustesse" d'un algorithme. Le secret de l'algorithme revient à cacher les concepts de celui-ci, ainsi que les méthodes utilisées (fonctions mathématiques). La robustesse quant à elle désigne la résistance de l'algorithme à diverses attaques qui seront explicitées dans la suite.

5. Algorithme publié et algorithme secret

Selon l'endroit où réside le secret, on peut parler d'algorithme secret ou d'algorithme publié (et donc, dans lequel le secret réside dans la clé). Chacun possède ses atouts et inconvénients.

5.1. Algorithme secret

– La cryptanalyse, souvent basée sur le secret de la clé, doit en outre retrouver l'entièreté de l'algorithme (mécanisme de récupération).

– Souvent, de tels algorithmes sont utilisés par un plus petit nombre d'utilisateurs. Et comme souvent dans ce cas, moins il y a de monde l'utilisant, moins il y a d'intérêts à le casser.

– De tels algorithmes sont rarement distribués par delà les frontières, afin de garder un nombre d'utilisateurs restreint.

5.2. Algorithme publié

– Puisque l'algorithme est publié, tout le monde a le droit de l'explorer. Ainsi, les failles (laissées intentionnellement ou non par les concepteurs) peuvent être plus facilement découvertes. La sécurité en est donc améliorée.

– Cette publication permet d'étendre les travaux sur l'algorithme au niveau mondial. Toute une série d'implémentations logicielles peuvent donc être réalisées.

– Tout le monde utilise la même version publique ce qui permet une standardisation générale.

En conséquence, on préférera les algorithmes publiés, souvent plus sûrs pour les raisons explicitées ci-dessus :

« Si un bon nombre de gens expérimentés n'ont pas résolu un problème, alors il ne sera probablement pas résolu de si tôt. »

6. Les principaux concepts cryptographiques

6.1. Crypto système à clé symétrique

Caractéristiques :

– Les clés sont identiques : $K_E = K_D = K$,

– La clé doit rester secrète,

– Les algorithmes les plus répandus sont le DES, AES, RC5, ...

– Au niveau de la génération des clés, elle est choisie aléatoirement dans l'espace des clés,

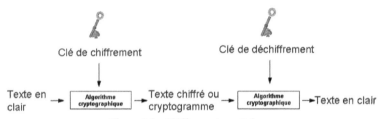

Figure 2.3 : Chiffrement symétrique.

– Ces algorithmes sont basés sur des opérations de transposition et de substitution des bits du texte clair en fonction de la clé,

– La taille des clés est souvent de l'ordre de 128 bits. Le DES en utilise 56, mais l'AES peut aller jusque 256,

– L'avantage principal de ce mode de chiffrement est sa rapidité,

– Le principal désavantage réside dans la distribution des clés : pour une meilleure sécurité, on pratiquera à l'échange de manière manuelle. Malheureusement, pour de grands systèmes, le nombre de clés peut devenir conséquent. C'est pourquoi on utilisera souvent des échanges sécurisés pour transmettre les clés. En effet, pour un système à N utilisateurs, il y aura N*(N − 1)/2 paires de clés.

6.2. Crypto système à clé publique

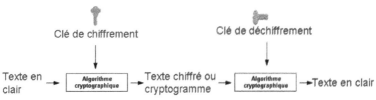

Figure 2.4 : Chiffrement asymétrique.

Caractéristiques :

– Une clé publique P_k (symbolisée par la clé verticale),

– Une clé privée secrète S_k (symbolisée par la clé horizontale),

– Propriété : La connaissance de P_k ne permet pas de déduire S_k, $DS_k(EP_k(M)) = M$,

– L'algorithme de cryptographie asymétrique le plus connu est le RSA,

– Le principe de ce type d'algorithme est qu'il s'agit d'une fonction unidirectionnelle à trappe. Une telle fonction à la particularité d'être facile à calculer dans un sens, mais difficile voire impossible dans le sens inverse. La seule manière de pouvoir réaliser le calcul inverse est de connaître une trappe. Une trappe peut par exemple être une faille dans le générateur de clés. Cette faille peut être soit accidentelle ou intentionnelle de la part du concepteur.

– Les algorithmes se basent sur des concepts mathématiques tels que l'exponentiation de grands nombres premiers (RSA), le problème des logarithmes discrets (El Gamal), ou encore le problème du sac à dos (Merkle-Hellman).

– La taille des clés peut s'étendre de 512 bits à 2048 bits en standard. Dans le cas du RSA, une clé de 512 bits n'est plus sûre au sens "militaire" du terme, mais est toujours utilisable de particulier à particulier.

– Au niveau des performances, le chiffrement par voie asymétrique est environ 1000 fois plus lent que le chiffrement symétrique.

– Cependant, à l'inverse du chiffrement symétrique où le nombre de clés est le problème majeur, ici, seul n pair sont nécessaires. En effet, chaque utilisateur possède une paire (S_k, P_k) et tous les transferts de message ont lieu avec ces clés.

– La distribution des clés est grandement facilitée car l'échange de clés secrètes n'est plus nécessaire.

Chaque utilisateur conserve sa clé secrète sans jamais la divulguer. Seule la clé publique devra être distribuée.

6.3. Fonction de hachage

Il s'agit de la troisième grande famille d'algorithmes utilisés en cryptographie. Le principe est qu'un message clair de longueur quelconque doit être transformé en un message de longueur fixe inférieure à celle de départ. Le message réduit portera le nom de "haché" ou de "condensé". L'intérêt est d'utiliser ce condensé comme empreinte digitale du message original afin que ce dernier soit identifié de manière univoque. Deux caractéristiques (théoriques) importantes sont les suivantes :

- Ce sont des fonctions unidirectionnelles :
  À partir d'H (M), il est impossible de retrouver M.
- Ce sont des fonctions sans collisions :
  À partir de H(M) et M il est impossible de trouver $M' \neq M$ tel que $H(M') = H(M)$.

Les algorithmes de hachage les plus utilisés actuellement sont :

- MD5 (MD signifiant Message Digest) créant une empreinte digitale de 128 bits.
- SHA (Secure Hach Algorithm, pouvant être traduit par algorithme de hachage sécurisé) créant des empreintes d'une longueur de 160 bits.

6.4. Protocoles cryptographiques

Un *protocole cryptographique* est un ensemble de programmes susceptibles de communiquer sur le réseau afin de réaliser une certaine fonctionnalité (cryptographique). Dans la typologie habituelle, chaque programme correspond à un *rôle* du protocole. Les *agents*, c'est-à-dire les machines ou les personnes susceptibles de mettre en oeuvre le protocole peuvent jouer plusieurs rôles simultanément. Lorsqu'un *agent honnête* endosse un rôle, une instance du programme correspondant au rôle, appelée également *processus*, s'exécute sur la machine de l'agent en utilisant ses différentes données personnelles, par exemple son identité et les clés secrètes qu'il détient. A l'inverse, les *agents malhonnêtes* ne sont pas obligés de suivre un rôle du protocole. Dans la plupart des protocoles, les processus sont regroupés naturellement en *sessions* : chaque session correspond à une instance de la fonctionnalité désirée du protocole.

Exemple : A titre d'illustration, considérons une version simplifiée du protocole Denning-Sacco à clé publique [25, 26]. Ce protocole entre deux agents A et B permet à A de demander à B l'envoi d'un certain secret S_{AB} relatif à A et B. (Le protocole Denning-Sacco [25] original est destiné à la distribution de clés.)

Les échanges de messages entre A et B pour une session normale de ce protocole s'écrivent :

0. $A \rightarrow B : A, \{[K]sK_A\} pK_B$ (étape de communication)

1. $B \rightarrow A : \{S_{AB}\}_k$

Où :

– le terme A désigne l'identité de A,

– $[\cdot] sK_A$ désigne l'opération de signature par la clé secrète de A,

– {·} pK$_B$ désigne le chiffrement par la clé publique de B, et

– {·} $_K$ désigne le chiffrement par une clé symétrique K.

Plus précisément, la session se déroule de la manière suivante :

– A fabrique une clé fraîche K, calcule le premier message et l'envoie à B ;

– B tente de déchiffrer le message reçu avec sa clé privée sK$_B$; en cas de succès, il vérifie que le clair obtenu est une signature valide de A en utilisant la clé publique de A; si c'est le cas, il récupère K, construit le second message

{S$_{AB}$}K et l'envoie à A.

Il y a trois propriétés fondamentales :

- Confidentialité
- Intégrité
- Authentification

6.4.1. Confidentialité

La confidentialité vise pour sa part à s'assurer que le système de sécurité ne laisse transparaître aucune information devant demeurer secrète aux yeux des intervenants non autorisés. Il est clair qu'on ne veut pas que de l'information personnelle ou confidentielle puisse être divulguée à n'importe quelle personne voulant s'en prévaloir.

6.4.2. Intégrité

L'intégrité vise à s'assurer que l'information qui transige entre les différents intervenants ne puisse être falsifiée d'aucune façon. En fait, on désire éviter qu'un intrus puisse modifier cette information pour en tirer certains avantages. On désire également protéger cette information des modifications accidentelles des intervenants légaux car ceci pourrait entraîner plusieurs complications.

6.4.3. Authentification

L'authentification est l'un des aspects les plus importants pour les systèmes de sécurité puisqu'elle apporte une vision plus générale de l'intégrité. En effet, La poussée technologique a rendu les télécommunications de plus en plus impersonnelles.

Elle a lieu à plusieurs niveaux.

- Au niveau des parties communicantes, dans le cas d'un système symétrique (figure 2.5) ou asymétrique (figure2.6). A la première figure, R$_A$ est un nonce (nombre aléatoire pour assuré la fraîcheur du message), propre à l'utilisateur A. Les lettres A et B représentent des identificateurs personnels.

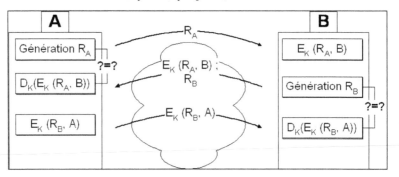

Figure 2.5 : Authentification dans un système symétrique.

A la seconde figure, la clé de chiffrement utilisée est bien la clé privée. Comme le propriétaire de cette clé est le seul à la connaître, cela prouve qu'il est bien la personne ayant chiffré le message. Dans cet exemple, seule l'authentification est souhaitée. Le message envoyé pourra être lu par toute personne possédant la clé publique, c'est-à-dire, n'importe qui ; la confidentialité est ici nulle.

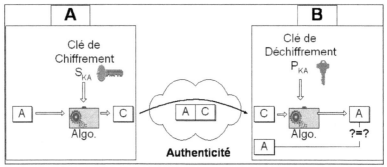

Figure 2.6 : Authentification dans un système asymétrique.

- Au niveau du message
  - o Par l'utilisation d'un MAC (Message Authentication Code) généré à l'aide d'un crypto système à clé symétrique où le MAC est constitué des derniers digits de C (figure 2.7), ou généré à l'aide d'une fonction de hachage (figure 2.8), la clé secrète K utilisée étant partagée par les deux entités A et B. Dans les deux cas, l'authentification repose sur l'utilisation de la clé K.

    A noter que par l'intermédiaire du MAC, il y a aussi une vérification de l'intégrité du message.
  - o Par l'utilisation d'une signature digitale. Parmi les propriétés remarquables de ces signatures, on peut dire qu'elles doivent être authentiques, infalsifiables, non réutilisables, non répudiables, et inaltérables. Dans la figure 2.9, on fait abstraction de la confidentialité, c'est l'authentification.

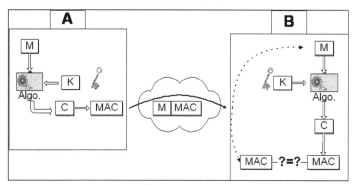

Figure 2.7 : Authentification par MAC et système symétrique.

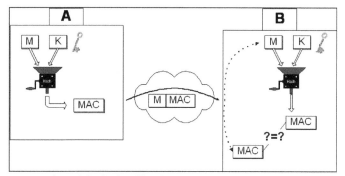

Figure 2.8 : Authentification par MAC et fonction de hachage.

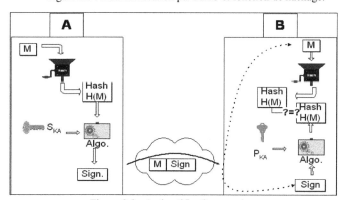

Figure 2.9 : Authentification par signature.

7. La cryptanalyse

Il s'agit de l'étude des mécanismes théoriques ou techniques visant à briser un algorithme de chiffrement, c'est-à-dire le fait de retrouver le message M à partir de C, sans connaître la clé K à priori. On parle dans ce cas d'une "attaque" cryptanalytique.

7.1. Attaque sur le texte chiffré uniquement

A partir d'un texte chiffré, on recherche le texte clair et/ou la clé. On procède par analyse de fréquence des lettres utilisées dans le texte chiffré. Cette technique ne fonctionne que pour la plupart des chiffrements classiques basiques, les seuls permettant l'utilisation de l'analyse de fréquence.

7.2. Attaque sur un texte clair connu

Etant donné un texte chiffré et un fragment de texte clair associé, on recherche le texte clair restant et/ou la clé. On procède par force brute (exhaustive), c'est-à-dire le test de toutes les clés possibles. Un détail des performances est illustré à la figure 2.10.

Key Size (bits)	Number of Alternative Keys	Time required at 1 encryption/μs	Time required at 10^6 encryptions/μs
32	$2^{32} = 4.3 \times 10^9$	$2^{31}\,\mu s = 35.8$ minutes	2.15 milliseconds
56	$2^{56} = 7.2 \times 10^{16}$	$2^{55}\,\mu s = 1142$ years	10.01 hours
128	$2^{128} = 3.4 \times 10^{38}$	$2^{127}\,\mu s = 5.4 \times 10^{24}$ years	5.4×10^{18} years
168	$2^{168} = 3.7 \times 10^{50}$	$2^{167}\,\mu s = 5.9 \times 10^{36}$ years	5.9×10^{30} years
26 characters (permutation)	$26! = 4 \times 10^{26}$	$2 \times 10^{26}\,\mu s = 6.4 \times 10^{12}$ years	6.4×10^6 years

Figure 2.10 : Performances d'une attaque par force brute selon la taille de la clé.

7.3. Attaque sur un texte clair sélectionné

Etant donné la capacité de chiffrer un fragment de texte clair choisi arbitrairement, il faut voir ici le chiffrement comme une boite noire, par l'intermédiaire de laquelle on traitera des morceaux de textes clairs. Une analyse des résultats obtenus en sortie permettra dans certains cas de rendre des algorithmes faillibles.

7.4. Attaque sur le texte chiffré uniquement

Etant donné la capacité de déchiffrer un fragment de texte chiffré choisi arbitrairement, on recherche la clé.

7.5. L'attaque à l'aide de l'analyse statistique

Le cryptographe possède des informations sur les statistiques du message clair (fréquences des lettres, ou les statistiques d'utilisation des lettres).

7.6. L'attaque d'une tierce personne ("man in the middle")

Dans une transaction entre deux entités, une troisième entité s'interpose entre les deux et termine la transaction normalement en captant les messages et en transmettant d'autres messages. Ainsi il peut changer les messages concernant l'échange de clés sans que les deux entités s'en aperçoivent. Cette attaque peut être évitée avec les signatures digitales.

8. Modes d'opération de chiffrements par blocs

Les modes de chiffrement sont liés à l'utilisation d'un chiffrement par bloc et définissent la façon de chiffrer plusieurs blocs consécutifs, en particulier le type de corrélation entre la sortie des différents blocs de chiffrement.

8.1. Mode ECB

ECB (Electronic Code book) : c'est la façon la plus évidente des modes d'opération, il applique simplement l'algorithme au texte clair en transformant normalement chaque bloc de texte chiffré.

8.2. Mode CBC

Lorsque l'on utilise le mode CBC (Cipher Block Chaining), à chaque bloc de texte clair l'opération XOR est appliquée bit-à-bit au bloc de texte chiffré précédent. Chaque bloc chiffré est donc dépendant de tous les blocs de textes clairs précédents, comme indiqué sur la figure 2.11. Une erreur dans le texte chiffré empêche ainsi le déchiffrement de tous les blocs suivants. Un autre aspect négatif de ce mode est le fait qu'il fonctionne uniquement par bloc : un message clair de longueur non divisible par la taille du bloc nécessite d'utiliser la technique du bourrage ("padding") dans le dernier bloc de données, augmentant ainsi la taille du message chiffré et le temps de communication.

Pour le tout premier bloc, un bloc ayant un contenu aléatoire est généré et utilisé pour l'application de l'opération XOR, appelé vecteur d'initialisation (initialization vector). Ce premier bloc est envoyé tel quel avec le message chiffré.

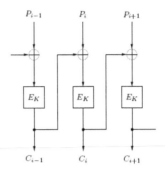

Figure 2.11: CBC (Cipher Block Chaining).

8.3. Mode CFB

L'opération XOR est appliquée entre le bloc de texte clair et le résultat précédent chiffré à nouveau par la fonction de chiffrement. Pour le premier bloc de texte clair, on génère un vecteur d'initialisation (figure 2.12).

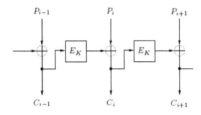

Figure 2.12: CFB (Cipher Feedback Block).

8.4. Mode OFB

Au départ un vecteur d'initialisation est généré. Ce bloc est chiffré à plusieurs reprises et chacun des résultats est utilisé successivement dans l'application de l'opération XOR avec un bloc de texte clair. Le vecteur d'initialisation est envoyé tel quel avec le message chiffré.

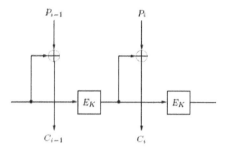

Figure 2.13: OFB (Output Feedback Block).

8.5. Mode CTR

Ce dernier mode de chiffrement est l'un des plus intéressants dans le cadre des RCSFs. Il se nomme CTR pour "Counter" car il utilise un compteur comme valeur d'entrée du bloc de chiffrement E_K. La valeur de sortie est ensuite additionne (XOR) bit-à-bit à un bloc de texte clair pour former le texte chiffré (figure 2.14). Cette technique présente l'avantage d'être identique pour déchiffrer le texte. En effet, contrairement aux autres modes de chiffrement, seul l'algorithme de chiffrement nécessitera d'être implanté dans le nœud, d'où un gain de place certain.

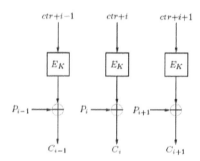

Figure 2.14 : CTR (Counter).

Remarque : Les modes de chiffrement CBC, CFB et OFB ont besoin d'un vecteur d'initialisation (IV) pour démarrer le processus. CTR utilise un compteur. Il est important de remarquer que l'IV n'a pas besoin d'être gardé secret, certains protocoles le passent en clair dans le message envoyé. Le fait de réutiliser un IV dévoile un peu d'informations sur le flux chiffré.

9. Algorithmes

Nous présentons quelques algorithmes les plus courants et qui ont été utilisés dans les RCSFs.

9.1. Cryptographie à clé publique

9.1.1. RSA (Rivest-Shamir-Adleman)

RSA est un algorithme asymétrique de cryptographie à clé publique. L'algorithme est fondé sur l'utilisation d'une paire de clés composée d'une clé publique et d'une clé privée. La clé publique correspond à une clé accessible par n'importe quelle personne souhaitant chiffrer des informations, la clé privée, quant à elle, est réservée à la personne ayant créé la paire de clés et est nécessaire pour déchiffrer les messages [27].

- Publié en 1978 par Ronald L. Rivest, Adi Shamir et Leonard M. Adleman, le RSA est le plus populaire, le plus facile à comprendre et à réaliser de tous les systèmes à clé publique.
- emploie de grands nombres entiers (par exemple 1024 bits)
- Chiffrement : $C = M^e \bmod n$
- Déchiffrement : $M = C^d \bmod n$
- Les deux clés d et e sont interchangeables
- 2 clés : clé publique : une paire (e, n), clé privée : une paire (d, n) [28].

9.1.2. ECC (Elliptic Curve Cryptosystem)

"Elliptic Curve Cryptosystem" est une approche de cryptographie à clé publique basée sur les aspects mathématiques des courbes elliptiques. Son avantage par rapport à un algorithme comme RSA basé les nombres premiers est d'utiliser des clés de taille bien plus petite.

Le tableau 2.1 donne les recommandations du NIST (National Institute of Standards and Technology) sur la longueur des clés à utiliser pour obtenir une sécurité équivalente selon l'algorithme de chiffrement retenu.

Taille de clé ECC (bits)	Taille de clé RSA (bits)
163	1024
256	3072
384	7680
512	15 360

Tableau 2.1 : RSA vs ECC.

9.2. Cryptographie symétrique

9.2.1. RC5

L'acronyme "RC" signifie "Ron's Code" ou "Rivest's Cipher". RC5 est un algorithme de chiffrement par bloc. Il est paramétré par une taille de bloc variable, une taille de clé variable. La taille de bloc utilisé est de 64 bits ou de 128 bits [30].

Il possède les propriétés suivantes :
- Approprié au matériel et au logiciel
- Simple et rapide
- Adaptable à différents processeurs
- Basse utilisation de mémoire
- Sécurité élevée.

9.2.2. DES (Data Encryption Standard)

Le D.E.S. (Data Encryption Standard, c'est-à-dire Standard de Chiffrement de Données) est un standard mondial depuis plus de 15 ans. Bien qu'il soit un peu vieillissant, il résiste toujours très bien à la cryptanalyse et reste un algorithme très sûr [28].

Les grandes lignes de l'algorithme sont les suivantes:
- Fractionnement du texte en blocs de 64 bits (8 octets)
- Permutation initiale des blocs
- Découpage des blocs en deux parties: gauche et droite
- Etapes de permutation et de substitution répétées 16 fois (appelées rondes)
- Recollement des parties gauche et droite puis permutation initiale inverse.

9.2.3. AES (Advanced Encryption Standard)

AES est un algorithme de chiffrement par bloc [29], il nécessite relativement peu de mémoire. Il possède les propriétés suivantes :

- La résistance à toutes les attaques connues
- La rapidité du code sur une très grande variété de plate formes (logicielles et matérielles)
- La simplicité dans la conception
- Plusieurs longueurs de clef et de bloc sont possibles : 128, 192, ou 256 bits
- Le nombre de cycles (ou rondes) varie en fonction de la longueur des blocs et des clés (de 10 à 14)
- La structure générale ne comprend qu'une série de transformations, permutations
- Il est performant que le DES
- Il est facilement adaptable à des processeurs de 8 bits.

9.2.4. Autres algorithmes

Même si l'utilisation d'algorithmes de chiffrements comme RC5 ou AES peut sembler un bon choix par leur utilisation presque systématique dans la littérature, il ne faut pas perdre à l'esprit que d'autres algorithmes ont été développés tel que TEA (Tiny Encryption Algorithm), RC4 et RC6 (mis au point par laboratoire RSA), Blowfish, Twofish...etc.

Chapitre III

Sécurité dans les RCSFs

Dans ce chapitre, nous détaillerons les menaces, les défis de sécurité dans les RCSFs, discutons les problèmes de sécurité dans chaque couche de gestion de réseau, la vulnérabilité et finalement énonçons les trois questions clés à adresser.

1. Introduction

La sécurité est un domaine très important pour les RCSFs, particulièrement pour des applications sensibles du domaine militaire, médicale, et autres. La sécurité devrait intervenir pour certaines fonctions sensibles telles que l'expédition des paquets, le cheminement et la gestion d'un réseau, fonctions effectuées par certains ou tous les nœuds disponibles dans les RCSFs. En raison des différences de base entre réseaux fixes et des réseaux ad hoc généraux, la sécurité dans les RCSFs devrait être examinée avec beaucoup plus de minutie.

La mise en place d'une stratégie de sécurité suppose la connaissance des valeurs à protéger pour l'application envisagée. Ces valeurs peuvent être d'ordres différents mais leur description a pour but de cerner correctement le problème dans un contexte particulier.

Valeurs essentielles pour un réseau, les données circulant doivent être garanties correctes et valides. Il est primordial de pouvoir s'assurer que l'information n'a pas été altérée et émane effectivement de la source considérée.

Les nœuds d'un RCSF sont alimentés par une ou plusieurs batteries, la consommation d'énergie doit être prise en compte dans toute stratégie de sécurité, et cela afin de maximiser la durée d'exploitation du réseau sans intervention humaine.

2. Analyse de vulnérabilité

Quelques faiblesses sont inhérentes à la nature des RCSFs et d'autres à la technologie retenue pour leur mise en œuvre et leur déploiement. Nous distinguons deux catégories de précarité: la vulnérabilité physique et la vulnérabilité technologique.

2.1. Vulnérabilité physique

La vulnérabilité physique est le fait qu'un capteur est fréquemment installé dans un lieu peu sûr, c.-à-d. dont l'accès n'est nullement restreint. Nous pouvons citer les lieux publics, les environnements naturels (forêts, régions montagneuses) ainsi que les bâtiments, maisons intelligentes et musées ("smart environment").

2.2. Vulnérabilité technologique

La vulnérabilité est liée à la technologie sans fils sous jacente, quiconque possédant un récepteur adéquat peut potentiellement écouter ou perturber les messages échangés.

Les mécanismes de routage sont d'autant plus critiques dans les RCSFs que chaque nœud participe à l'acheminement des paquets à travers le réseau.

La puissance de calcul d'un nœud est fortement limitée.

3. Contraintes influençant la sécurité dans un RCSF

Des contraintes parfois strictes et intrinsèques aux RCSFs imposent de penser à une sécurité mieux adaptée que son équivalent traditionnel des réseaux filaires.

- **Puissance d'énergie basse**

L'énergie des nœuds de capteur est limitée, et généralement irremplaçable. Les réseaux ad hoc visent à réaliser une haute qualité de service (QoS) tels que minimiser le temps d'attente et la réservation de débit, alors que les protocoles des réseaux de capteur doivent se concentrer principalement sur la conservation d'énergie.

- **Espace mémoire et capacité de calcul limités**

Dans la majorité des RCSFs les nœuds n'ont pas la capacité de mémoriser des clés de taille importante ou d'exécuter des protocoles cryptographique complexes [31].

4. Énergie pour la sécurité

La puissance supplémentaire consommée par les nœuds de capteurs due à la sécurité est liée :

- Au calcul requis pour les fonctions de sécurité, tels que le chiffrage, déchiffrage, signature des données, vérification de la signature.

- A l'énergie requise pour la transmission des données de sécurité (par exemple, vecteurs d'initialisation requis pour le chiffrement/déchiffrage).
- A l'énergie requise pour le stockage des paramètres de sécurité, tel que le stockage de la clé de chiffrage.

5. Défis de sécurité

Les RCSFs sont des réseaux ad hoc sans fils, mais avec des restrictions en énergie, capacité de traitement, de communication et stockage au niveau des nœuds.

Généralement l'objectif des RCSFs est de rassembler des donnés de surveillance et d'agir dans l'environnement. Les nœuds capteurs opèrent dans des lieux difficiles d'accès, sans protection et sans possibilité de rechargement de batterie.

Le premier défi consiste alors à minimiser la consommation de l'énergie tout en maximisant les performances de sécurité.

Un autre défi réside dans les caractéristiques spécifiques de la communication sans fils rendant les politiques de sécurité appliquées dans les réseaux filaire impraticables [32].

6. Buts de sécurité

6.1. Disponibilité

La disponibilité donne une assurance sur la réactivité et le temps de réponse d'un système pour transmettre une information d'une source à la bonne destination. Cela signifie aussi que les services du réseau sont disponibles aux parties autorisées si nécessaire et assure les services de réseau en dépit des attaques de dénie de service (DoS) pouvant affecter n'importe couche du réseau.

6.2. Intégrité des données

C'est un service qui garantit que les données n'ont pas été altérées pendant la transmission. On peut distinguer les altérations accidentelles liées par exemple, à une mauvaise couverture des ondes, et les altérations volontaires d'un attaquant. Cela concerne aussi la protection contre l'injection ou la modification des paquets.

6.3. Confidentialité

La confidentialité est la garantie que l'information d'un nœud n'est rendue accessible ou révélée qu'à son destinataire. Dans notre cadre, il est important qu'aucun capteur étranger au système ne puisse être mis à proximité dans l'intention de surveiller les informations échangées.

6.4. Fraîcheur

Elle concerne la fraîcheur de données et la fraîcheur des clés. Puisque tous les réseaux de capteurs fournissent quelques formes de mesures variables dans le temps, nous devons assurer que chaque message est frais. La fraîcheur de données implique que les données sont récentes, et elle assure qu'aucun adversaire n'a rejoué les vieux messages.

6.5. Authentification

Un adversaire n'est pas simplement limité à modifier le paquet de données mais il peut également injecter des paquets supplémentaires. Ainsi le récepteur doit s'assurer que les données utilisées proviennent de la source correcte. D'autre part, en construisant le réseau de capteur, l'authentification est nécessaire pour beaucoup de tâches (transmissions des mesures prélevées vers la station de base, synchronisation, …).

6.6. Non répudiation

Mécanisme destiné à prévenir que la source ou la destination désavoue ses actions ou nie qu'un échange ait eu lieu.

6.7. Contrôle d'accès

Un service très important consiste à empêcher un accès au réseau à tout élément étranger au système. Le contrôle d'accès donne aux participants légitimes un moyen de détecter les messages provenant de sources externes au réseau.

7. Les attaques dans les RCSFs

Une variété d'attaques contre les RCSFs est rapportée dans la littérature spécialisée. Pour faire face à ces attaques, diverses contre-mesures ont été proposées. Nous présentons dans la suite les principaux types d'attaques, et dans la section 9 nous affectons ces attaques aux couches concernées de la pile protocolaire dans les RCSFs.

Une classification des attaques consiste à distinguer les attaques passives des attaques actives.
Les attaques passives "eavesdropping" se limitent à l'écoute et l'analyse du trafic échangé. Ce type d'attaques est plus facile à réaliser (il suffit de posséder un récepteur adéquat) et il est difficile de le détecter puisque l'attaquant n'apporte aucune modification sur les informations échangées. L'intention de l'attaquant peut être la connaissance des informations confidentielles ou bien la connaissance des nœuds importants dans le réseau (chef de groupe "cluster head"). En analysant les informations de routage, l'attaquant va se préparer à mener ultérieurement une action précise.

Dans les attaques actives, un attaquant tente de supprimer ou modifier les messages transmis sur le réseau. Il peut aussi injecter son propre trafic ou rejouer d'anciens messages pour perturber le fonctionnement du réseau ou provoquer un déni de service.

Parmi les attaques actives les plus connues, on peut citer :

- **Attaque physique d'un nœud "tampering"**

L'attaque physique peut être considérée sous différents points de vue. L'un est lié au matériel qui n'est pas qualifié d'inviolable. Dans ces conditions, une attaque aura pour but de récupérer du matériel cryptographique comme les clés utilisées pour le chiffrement. Un autre objectif serait de reprogrammer le capteur attaqué. La seconde attaque physique consisterait simplement à supprimer le capteur du réseau en le détruisant (on retombe sur la question de l'inviolabilité) ou en le subtilisant [39].

- **Attaque du trou noir "black hole"**

Attaque du trou noir : Un nœud falsifie les informations de routage pour forcer le passage des données par lui-même. Sa seule mission est ensuite de ne rien transférer, créant ainsi une sorte de puits ou trou noir dans le réseau.

L'intrus (nœud malveillant, qui s'introduit illégitimement), peut aussi se place sur un endroit stratégique de routage dans le réseau et supprime tous les messages qu'il devrait retransmettre, causant la suspension du service de routage du réseau dans les routes qui passent par le nœud intrus. La nature des RCSFs où les informations sont routées vers une station de base rend ce type d'attaque plus réussi.

- **Attaque du trou gris "grey hole"**

Une variante de l'attaque précédente est appelée trou gris, dans laquelle seuls certains types de paquets sont ignorés par le nœud malicieux. Par exemple, les paquets de données ne sont pas retransmis alors que les paquets de routage le sont.

- **Relais sélectif de paquets " selective forwarding "**

Un nœud néglige son rôle de routeur et décide de ne pas transmettre les données de certains nœuds choisis selon certains critères ou d'une façon aléatoire. La raison peut être aussi bien d'ordre énergétique, que liée à une attaque.

- **Attaque de l'identité multiple "sybil attack"**

Newsome et autres définissent cet attaque comme : "dispositif malveillant, d'une manière illégitime prenant des identités multiples", l'attaquant peut utiliser les identités des autres afin de participer à des algorithmes distribués tel que l'élection [33].

Les techniques d'authentification et de chiffrement peuvent empêcher un étranger de lancer une attaque de Sybil sur le réseau de capteur. L'utilisation d'une clé globalement partagée permet à un nœud du réseau d'effectuer une mascarade en tant que n'importe quel nœud même inexistant. La cryptographie à clé publique peut empêcher une telle attaque d'un nœud interne, mais elle est trop chère en énergie pour être utilisé dans les réseaux de capteurs. Une solution est d'avoir pour chaque paire de nœuds une seule clé symétrique avec une station de base de confiance dans le cas où une station de base est omniprésente dans le réseau.

- **Attaque par chantage**

Elle est connue sous le nom anglais de "Blackmail attack". Un nœud malicieux fait annoncer qu'un autre nœud légitime est malicieux pour éliminer ce dernier du réseau. Si le nœud malicieux arrive à attaquer un nombre important de nœuds, il pourra perturber le fonctionnement du réseau.

- **Attaque de l'inondation de "HELLO"**

De nombreux protocoles de routage utilisent des paquets "HELLO" pour découvrir les nœuds voisins et ainsi établir une topologie du réseau. La plus simple attaque pour un attaquant consiste à envoyer un flot de tels messages pour inonder le réseau et empêcher d'autres messages d'être échangés.

- **Brouillage radio "jamming"**

Une attaque bien connue sur la communication sans fils, est celle qui consiste à perturber le canal radio en envoyant des informations inutiles sur la bande de fréquences utilisées. Ce brouillage peut être temporaire, intermittent ou permanent [35].

- **Privation de mise en veille**

La privation de mise en veille a pour but de consommer toutes les ressources de la victime en l'obligeant à effectuer des calculs ou à recevoir ou transmettre des données inutilement. Il est primordial que le taux d'occupation des nœuds soit inférieur ou égal à 1% si l'on souhaite que les nœuds puissent fonctionner plusieurs années, des tests ayant montré, qu'à pleine puissance, les capteurs Mica de Berkeley ne fonctionnent que pendant deux semaines [34].

- **Exploitation en dehors de la zone de fonctionnement**

Un capteur est conçu pour fonctionner sous certaines conditions. Nous pouvons citer l'intervalle de températures acceptables et le climat ou l'environnement (monde marin, fort humide forêt ou désert sont trois types de milieux différents). D'autres éléments importants pour l'exploitation correcte d'un nœud sont la fréquence d'horloge utilisée et la tension appliquée aux bornes d'alimentation. Un adversaire capable de contrôler ce genre de paramètres peut réaliser des attaques [34].

- **Wormholes**

54

Connu aussi sous le vocable de *tunneling*, dans cette attaque, un adversaire peut recevoir des messages et les rejouer dans différentes parties à l'aide d'un tunnel entre les nœuds malicieux [36, 44].

La figure suivante illustre un exemple de wormhole :

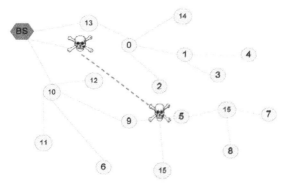

Figure 3.1 : une attaque wormhole.

Un adversaire se place plus près de la station de base pour écouter le trafic et l'envoie par la suite en perçant un tunnel de messages vers un autre adversaire.

8. Modèle de l'attaquant

8.1. Attaquant puissant ou Strong attacker

L'adversaire est considéré comme présent avant et après le déploiement des nœuds. Il peut surveiller toutes les communications, n'importe où et à tout instant [34].

8.2. Un modèle réaliste d'attaquant

L'attaquant est capable de surveiller un pourcentage fixe des canaux de communication lors du déploiement du réseau [37]. Voici comment ce modèle est exprimé dans [37]:

"The hostile surveillance is not ubiquitous during the deployment phase of the network and only fraction of the established link keys can be obtained by the attacker."

9. Problèmes de sécurité dans chaque couche

Dans cette section nous étudions les problèmes de sécurité du point de vue pile protocolaire (Figure 1.5), les attaques possibles dans chaque couche et les défenses appropriées [75].

9.1. Couche physique

Les attaques associées à la première couche physique sont peu nombreuses mais, en même temps, peuvent être les plus difficiles à prévenir. On peut citer le brouillage radio sur la même fréquence que le réseau utilisé et l'attaque physique d'un nœud. Les défenses envisageables contre le brouillage sont les suivantes :

- L'utilisation de la technique de l'émission par saut de fréquence.
- L'isolement de la région brouillée (changer les informations de routage pour contourner la zone attaquée).
- L'utilisation d'un matériel résistant à l'attaque physique de capteur ("tamperproof node").

L'attaque physique d'un nœud est le problème le plus contrariant dans la sécurité des RCSFs [38].

9.2. Couche liaison

Cette couche gère l'accès au canal (couche MAC). Les attaques courantes utilisent le mécanisme d'accès au réseau pour bloquer le système ; l'adversaire peut par exemple induire une collision dans un octet d'une transmission pour perturber tous les paquets.

La prévention de ces attaques peut se limiter à imposer l'usage de petits paquets et utiliser des techniques de correction plutôt que de demander la retransmission de paquet.

9.3. Couche réseau

Les réseaux utilisent une communication multi sauts pour router les paquets vers la destination et les attaques dans cette couche peuvent êtres:

- Trou noir, gris
- Attaque de l'inondation par "HELLO" ("flooding")
- Relais sélectif de paquets " selective forwarding "

La figure suivante montre les attaques sur la couche réseau :

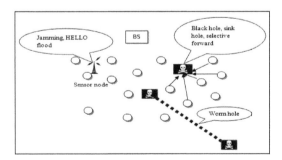

Figure 3.2 : Attaques dans la couche réseaux dans un RCSF [31].

La prévention de ce genre d'attaques préconise à n'autoriser que certains nœuds à échanger les informations de routage ou alors à authentifier ces messages. Dans un réseau de capteurs se basant sur une hiérarchie, les nœuds parents peuvent vérifier l'identité de la source d'un paquet en transit.

- La surveillance ou Monitoring est une stratégie pour sécuriser le routage et détecter les comportements anormaux des nœuds [40]. Dans cette approche, les nœuds agissent en tant que " watchdogs "(chiens de garde) pour surveiller la prochaine transmission du paquet. Au cas où un comportement anormal serait détecté, les nœuds mettront à jour l'information de routage pour éviter le nœud compromis.

- Le probing ou sondage est une autre défense proactive contre les nœuds malveillants dans les RCSFs [40]. Cette méthode envoie périodiquement les paquets de sondage à travers le réseau pour détecter des régions de panne. Puisque les protocoles géographiques de routage ont la connaissance de la topologie du réseau, le sondage est particulièrement bien adapté à leur utilisation. Les paquets de sondage doivent sembler être le trafic normal, afin de détecter les nœuds compromis.

- La redondance ou Redundancy une autre approche proposée dans [40] qui consiste à envoyer un paquet plusieurs fois sur des chemins différents, au minimum un chemin délivre le paquet à la destination. Il est clair que cette méthode ne conserve pas l'énergie mais elle augmente la difficulté pour un attaquant de stopper le flux de données.

9.4. Couche transport

Si les couches liaison de données et réseau sont sécurisées, la couche transport peut être sûre que les paquets qu'elle reçoit de la couche réseau sont confidentiels et authentifiés [31].

10. Détection et prévention des attaques

Quand on parle de détection des attaques on pense immédiatement aux systèmes de détection d'intrusions (Intrusion Detection Systems ou IDS). La détection d'intrusion peut être définie comme la détection automatique et la génération d'une alarme pour rapporter qu'une intrusion a eu lieu ou est en cours. Un IDS est un système de défense qui détecte les activités hostiles dans un réseau et tente de les empêcher [34].

En effet, la nature physique des réseaux sans fils ne permet pas de garantir qu'aucune intrusion n'ait lieu, d'où le besoin de détecter ou de prévenir les intrusions pour fournir une sécurité appropriée.

Les IDS, au sens classique, sont malheureusement souvent inappropriés aux RCSFs car ils nécessitent d'analyser tout le trafic en permanence ou demandent d'importantes ressources (calcul, mémoire) incompatibles avec les besoins évoqués dans chapitre 1.

La détection d'intrus présuppose que le comportement de l'intrus diffère du comportement de l'usager légitime d'une manière quantifiable [41]. Les comportements de l'usager sont modélisés et comparés avec le comportement observé dans le système.

La détection d'intrus dans les RCSFs nécessite de relever plusieurs défis scientifiques. Les RCSFs sont orientés application, c'est-à-dire qu'ils possèdent des caractéristiques très spécifiques qui sont fonctions de l'application à laquelle ils se destinent. Les différentes configurations possibles des RCSFs rendent difficiles la modélisation du comportement usuel ou attendu du système. De plus, les méthodes développées pour les réseaux traditionnels ne sont pas applicables, en raison de la disponibilité des ressources beaucoup plus grande dans ces réseaux que dans les RCSFs [42].

10.1. Mécanismes préventifs

La prévention doit rester le souci majeur de tout administrateur soucieux de protéger un système. L'objectif est de se prémunir des écoutes qui pourraient avoir lieu dans les RCSFs, de s'assurer que des nœuds malicieux ne se sont pas immiscés dans le réseau, et ne vont donc pas injecter de fausses données en usurpant l'identité d'un capteur légitime, ou bien perturber le routage, ou encore solliciter de façon importante les capteurs pour consommer leur énergie et réduire leur durée de vie.

Les mécanismes préventifs font appel à des primitives cryptographiques pour garantir la confidentialité, l'authenticité, l'intégrité et la fraîcheur des informations qui sont échangées sur le réseau. En particulier, ils assurent la protection des échanges entre les nœuds et la station de base en charge de la collecte des données de prélèvements issues des capteurs ou bien entre deux nœuds voisins. Dans ce dernier cas, les messages sont protégés de nœud en nœud et il est alors très difficile pour l'intrus de s'immiscer dans le réseau avec son propre matériel. Par contre, malgré ces primitives cryptographique, l'adversaire aura toujours la possibilité de prendre le contrôle physique d'un nœud légitime, d'y insérer du code malveillant et donc de le transformer en intrus. Il est possible de renforcer la sécurité physique des nœuds, mais aucune technique efficace et de faible coût n'est connue à ce jour [42].

Les mécanismes de prévention étant insuffisants pour assurer la sécurité d'un RCSF, il est nécessaire d'introduire dans le réseau des mécanismes de tolérance à l'intrusion et de mettre en place des outils de détection et révocation d'intrus afin d'augmenter la sécurité du réseau.

Deux alternatives de détection d'intrus sont naturellement possibles, l'une centralisée et l'autre décentralisée. Dans l'approche centralisée, la station de base a pour responsabilité la détection des intrus à partir des informations extraites du réseau, spécialement par la production des nœuds. Dans l'approche décentralisée, tous les nœuds du réseau ou quelques uns d'entre eux surveillent leurs voisins respectifs [42].

10.2. Détection d'intrus

La détection d'intrus est un domaine de recherche très actif même sur les réseaux traditionnels. La principale motivation pour le développement de systèmes de détection d'intrus est basée sur le fait qu'il n'est pas possible d'engendrer un mécanisme de défense totalement infaillible.

Dans un système de détection d'intrus, on surveille et examine le comportement du système cible que l'on veut protéger. Au moment de l'examen, on prend en compte les comportements des intrus et les comportements normaux et attendus du système. Selon la classe de comportements prise en considération, on a de manière générale deux stratégies de détection [43] :

- La détection basé sur les anomalies "anomaly detection" : le comportement observé du système cible est comparé aux comportements normaux et espérés. Si le comportement du système est significativement différent du comportement normal ou espéré, on dit que le système cible présente des anomalies et fait l'objet d'une intrusion.
- La détection basée sur le mauvais usage "misuse detection" : les actions réalisées dans le système cible sont comparées aux actions habituellement effectuées par des intrus et répertoriées sous la forme de signatures. On détecte une intrusion quand on parvient à identifier une signature parmi les actions analysées.

La détection d'intrus dans les RCSFs exige une approche très différente de celle des réseaux conventionnels à cause des différents attaques et ressources.

Dans les réseaux conventionnels, le rôle de l'usager existe normalement, c'est celui qui utilise le réseau et qui est à l'origine de son profil de trafic. Dans un RCSF, les évènements sont observés par les nœuds capteurs qui génèrent des informations et les expédient vers un lieu d'observation où l'usager ou l'observateur les analyse [42].

10.3. Tolérance à l'intrusion

La tolérance à l'intrusion est une troisième approche de sécurité. Dans cette approche, les fonctions critiques d'un système qu'on souhaite protéger sont construites de telle façon que son fonctionnement est le moins compromis possible par un éventuel intrus.

Dans le contexte des RCSFs, le routage est la cible de la majorité des travaux sur la tolérance à l'intrusion. Divers travaux utilisent des routes multiples, de manière redondante, pour garantir la distribution des messages. Les autres travaux essayent d'établir de nouvelles routes au moment de la détection de problèmes de communication [42].

11. Issues majeures de sécurité

Basé sur l'analyse ci-dessus sur les buts de sécurité, défis et attaques dans les RCSF, nous récapitulons trois questions clés pour réalisation de la sécurité des RCSFs :

11.1. Gestion des clés dans les RCSFs

Confidentialité, intégrité, et authentification sont des services critiques permettant d'empêcher un adversaire de compromettre la sécurité d'un RCSF ; la gestion et l'établissement des clés est nécessaire pour assurer cette protection dans les RCSFs.

Cependant, fournir une gestion efficace des clés est difficile en raison de la nature ad hoc, connectivité intermittente et limitations des ressources du réseau de capteur.

11.2. Sécurité de routage

Il existe deux catégories de menaces des protocoles de routage : attaquants externes et nœuds compromis internes. Cette dernière est très difficile à détecter car le nœud compromis peut générer des paquets valides.

Les protocoles de routage existants bien font face à la topologie dynamique, mais offrent peu ou pas de mesures de sécurité. Un défi supplémentaire ici est l'exécution du protocole de conduite fixé dans un environnement de réseau avec une topologie dynamique, nœuds vulnérables, puissance de calcul limitée et énergie restreinte.

11.3. Prévention de dénie de service

Une attaque de DoS (Denial of Service) peut être définie en tant que n'importe quel événement qui diminue ou élimine une capacité de réseau d'exécuter les fonctions prévues. Pannes de matériel, erreurs de programmation, épuisement de ressource, conditions environnementales, ou toute interaction compliquée entre ces facteurs peut causer un DoS.

12. Conclusion

Ce chapitre traite de la sécurité des réseaux de capteurs sans fils (RCSFs) différents des réseaux ad hoc en ce qu'ils offrent comme restrictions plus sévères en termes d'énergie, capacités de traitement et communications. En conséquence, les solutions de sécurité doivent donc être mieux adaptées. Dans le chapitre qui suit nous étudierons les différentes approches existantes pour la gestion des clés dans les RCSFs.

Chapitre IV

Gestion des clés dans les RCSFs : état de l'art

---

1. Introduction et motivation

La majorité des recherches dans les RCSFs sont concentrées sur les capacités de les rendre faisables et utiles. Dans le domaine de la sécurité, des chercheurs ont proposé des solutions aux menaces discutées précédemment (chapitre 3). Les mécanismes permettant d'assurer la sécurité dans les réseaux de capteurs peuvent être divisés en deux catégories : ceux permettant de sécuriser les protocoles de transmission et ceux permettant de dériver les protocoles de gestion des clés.

La gestion des clés assure avec les algorithmes cryptographiques la disponibilité, la confidentialité, l'intégrité, et l'authentification pour les protocoles de transmission. La gestion des clés manipule la génération et la distribution des clés cryptographiques aussi bien que des techniques pour protéger le réseau contre des clés perdues et la capture des nœuds. Une variété de stratégies existe pour accomplir cette tâche. Les approches proposées dans la littérature sont discutées ci-après.

Parmi les causes qui nous ont motivées à travailler dans la gestion des clés, on cite :

- La gestion des clés constitue la base pour chaque système cryptographique.
- Pour utiliser la cryptographie, les signatures numériques, ou MAC (Message Authentication Code), les parties concernées doivent avoir les "bonnes" clés cryptographiques.
- La sécurité des clés est égale à la sécurité du réseau entier.
- La confiance accordée aux informations reçues.
- L'échec de sécurisation d'une communication sans fils est souvent dû à une rupture dans le schéma de distribution des clés.
- Pour un RCSF, une rénovation des clés est essentielle.
- Le problème de gestion des clés est l'un des problèmes le plus délicat de la cryptographie.

2. But des protocoles de gestion des clés

Les protocoles de gestion des clés permettent de :

- Pré-distribuer les clés cryptographiques,
- Retirer les clés quand les nœuds quittent le réseau,
- Assigner les nouvelles clés aux nœuds joignant le réseau,
- Renouvellement des clés expirées.

3. Phases de la gestion des clés

Pour atteindre les buts de sécurité et empêcher qu'un RCSF ne soit compromis par un adversaire, la gestion des clés constitue une tache critique. En raison des limitations en ressources, la nature ad hoc des RCSFs, fournir une vraie gestion des clés est un chalenge. Les schémas de gestion des clés traditionnels basés sur les tiers de confiance comme une autorité de certification (CA) sont impraticable vue à la topologie inconnue avant le déploiement des capteurs. La CA de confiance est exigé pour être présente toutes les fois pour supporter le renouvellement des clés. La gestion des clés basée sur une CA rend le réseau plus vulnérable, la compromission de la CA risquera la sécurité entière du réseau de capteur. Fei et autres [47] décomposent le problème de gestion des clés en :

3.1. Pré-distribution de clés : mettre des clés dans chaque nœud avant le déploiement. la seule méthode pratiques pour la distribution des clés aux nœuds de RCSF dont la topologie est inconnue avant le déploiement devra compter sur la pré-distribution des clés, des clés doivent être installées dans des nœuds à fin de sécuriser la transmission de paquets.

3.2. Découverte de voisinage : chaque nœud doit découvrir ses voisins dans son porté sans fils de communication avec lesquelles il partage des clés. Un lien de communication existe entre deux nœuds de capteur seulement s'ils partagent une clé. Le bon schéma de découverte des voisins ne donnera à un attaquant aucune occasion de découvrir les clés partagées et l'attaquant peuvent seulement faire l'analyse de trafic.

3.3. Etablissement de clés de chemin : établir des clés entre les nœuds non liés directement. Pour n'importe quelle paire de nœuds qui ne partagent pas une clé mais sont reliés par un chemin multi saut doivent fixer une clé de chemin "path key" pour sécuriser la communication bout à bout, cette clé de chemin ne peut pas être celle déjà employée entre les nœuds voisins.

3.4. Isolation des nœuds anomaux : un nœud anormal est celui qui ne fonctionne pas comme spécifié et indiqué. Identifier et isoler les nœuds anormaux qui agissent comme des nœuds intermédiaires est important pour continuer l'opération du RCSF. Un nœud peut cesser de fonctionner comme prévu pour les raisons suivantes :

-   Il a épuisé sa source de puissance.
-   Il est endommagé par un attaquant.
-   Un nœud intermédiaire a été compromis et il corrompt la communication en modifiant les données.
-   Un nœud a été compromis et il communique l'information factice à la station de base.

3.5. Renouvellement des clés : il est possible que dans certains cas la vie des clés expirent et de nouvelles clés doivent être mises en service. La rénovation des clés "re-keying" est un défi puisque de nouvelles clés doivent être produites d'une manière efficace et conforme à une consommation et conservation d'énergie.

3.6. Latence d'établissement des clés : réduire la latence résultant des communications et conserver de l'énergie constitue un objectif primaire dans le processus de gestion des clés. Tout schéma de gestion des clés devrait prendre la réduction de latence comme facteur crucial.

4. Métriques d'évaluation

Des métriques sont employées pour comparer les différents protocoles de gestion des clés, ces métriques sont :

-   Efficacité : les limitations de mémoire, les communications, et le traitement des nœuds doivent être considérées,

    1. Complexité en mémoire : quantité de mémoire nécessaire pour enregistrer les clés.
    2. Complexité en communication : nombre de messages échangés pour la gestion des clés.
    3. Complexité en traitement : quantité de cycles de processeur nécessaires pour établir une clé.

-   Connectivité en terme de clé "key connectivity" : probabilité que deux nœuds (ou plus) partage une clé.

-   "Scalability" : cette métrique consiste en qualité d'être flexible avec la taille du réseau même après le déploiement de nœuds. Il est intéressant qu'un réseau ait une bonne capacité de "scalability" par ce que ceci implique que le réseau peut être facilement augmenté et qu'il n'y a aucun problème quand nous voulons ajouter un nouveau nœud au réseau. Sur l'autre côté, il est intéressant que le réseau puisse supporter un grand nombre de nœuds.

- Résilience contre la capture de nœud : ou résistance contre la capture de nœud, cette métrique mesure comment le RCSF est compromis quand un nœud est compromis, et l'influence de ce nœud sur la sécurité du réseau.

- Révocation : cette propriété sert à savoir si le RCSF a la possibilité du retrait d'un nœud en panne ou quand son opération n'est pas correcte.

5. Classification

La gestion des clés dans les RCSFs est habituellement décrite par le procédé de pré- distribution de clés qui exige un chargement d'information secrète dans les nœuds capteurs avant leur déploiement dans le réseau. Cette information secrète, déployée dans le réseau, peut être une clé secrète, ou de l'information auxiliaire qui aide des nœuds à dériver la clé secrète réelle.

La plupart des approches de gestion des clés disponibles actuellement tombent dans une des classes suivantes : approche utilisant la cryptographie asymétrique ou la cryptographie symétrique. Notre classification selon ces approches est illustrée dans le diagramme suivant :

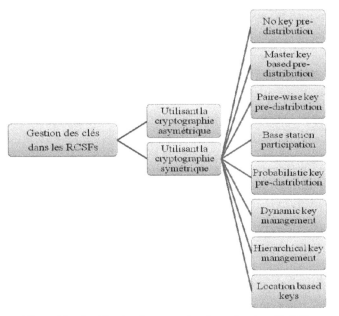

Figure 4.1 : classification des approches de gestion des clés [76].

La gestion des clés est le processus par lequel des clés cryptographiques sont produites, enregistrées, protégées, transférées, chargées, employées, et détruites.

- Quel est le nombre de clés nécessaires et comment elles sont distribuées avant le déploiement des nœuds ? C'est un problème de pré-distribution de clés.
- Comment une paire de nœuds, ou un groupe de nœuds établissent une clé ? C'est le problème de l'établissement de clé.
- Comment un nœud ajouté au réseau peut établir, fixer une clé avec des nœuds existants dans le réseau ? C'est un problème d'ajout de nœud.
- Comment un nœud "expulsé" du réseau ne pourra plus établir de clés avec n'importe quel nœud existant dans le réseau, et il ne sera plus capable de déchiffrer le trafic d'information dans le réseau ? C'est le problème d'isolation de nœuds anormaux.

6. Utilisation de la cryptographie asymétrique

Principe : avant le déploiement, chaque nœud a la clé maitresse publique et privée (K_M, K_M^{-1}), puis chaque nœud A génère sa paire de clés (K_A, K_A^{-1}). Après le déploiement, les nœuds échangent les clés : échange des clés publiques et une signature par la clé maitresse pour la vérification des clés publiques reçues. Par la suite, une clé symétrique peut être générée et échangée entre les nœuds encryptées par leurs clés publiques, Carmen, Kruus and Matt ont présenté une analyse d'efficacité de la cryptographie asymétrique dans les RCSFs [45].

Avantages :
- Résistance contre la capture de nœud.
- Permettre le passage à l'échelle ("scalability").

Inconvénients :
- Exigence sur le hardware et le software des nœuds (hardware : augmentation du coût des nœuds, software : demande beaucoup de calcul, consommation d'énergie).
- Vulnérabilité vis-à-vis des attaques du déni de service : l'emploi de la cryptographie asymétrique implique un calcul qui peut prendre quelques secondes (voir quelque minutes), les nœuds sont vulnérables à un déni de service d'épuisement de batterie par un attaquant inondant le réseau par des signatures illégales.
- Pas de résistance contre la réplication de nœud.

La plupart des algorithmes asymétriques sont adéquats pour l'usage dans les MANETs (réseaux ad hoc mobiles) mais ils ne sont pas adéquats pour les RCSFs parce que ce genre de réseaux utilise des dispositifs faibles en énergie (low-power).

6.1. TinyPK (Tiny Public Key) [46]

Malgré le fait que la cryptographie asymétrique a été presque universellement considérée comme trop consommatrice de ressources pour l'usage dans les RCSFs, il y a eu quelques efforts d'adapter les techniques publiques de cryptographie aux dispositifs de capteur.

TinyPK est un projet qui emploie le crypto-système de RSA pour manipuler la distribution des clés symétriques. Pour réduire au minimum les calculs pour les nœuds capteurs, e = 3 est employé comme clé public (paragraphe 9.1.1 dans chapitre 2). Mettre en application un système de clé publique exige une quantité modeste d'infrastructure comprenant une autorité de certificat (CA). La clé publique de CA est pré-chargée sur chaque nœud, les normes actuelles ralentissent l'exécution de TinyPK. Le tableau 4.1 récapitule les temps d'exécution pour le chiffrement de RSA selon diverses tailles de clé.

Taille de clé (bits)	Temps (secondes)
512	3,8
768	8
1024	14,5

Tableau 4.1 : temps pour encrypter avec RSA.

Watro et autres [46] admettent qu'actuellement la mise en place de TinyPK est trop lente pour des RCSFs. Ils suggèrent d'utiliser TinyPK comme méthode d'authentification et de déplacer, si possible, les exécutions de calcul couteux (calcul qui demande une énergie considérable) vers des dispositifs puissants du réseau. Bien que la cryptographie à clé public possède beaucoup d'avantages, elle est actuellement infaisable pour une transmission de nœud-à-nœud dans des réseaux de capteurs. Les techniques asymétriques seront peut être viables sur un matériel plus puissant du futur.

6.2. TinyECC [67]

C'est la cryptographie sur les courbes elliptiques, ces dernières peuvent être utilisées pour des opérations asymétriques comme des échanges de clés sur un canal non sécurisé, on parle de ECC (Elliptic Curve Cryptosystem). L'usage des courbes elliptiques en cryptographie a été suggéré, par Neal Koblitz et Victor Miller [64] en 1985.

L'avantage d'ECC est l'emploi de clés plus courtes que d'autres méthodes de cryptographique asymétrique telle que RSA, tout en fournissant un niveau équivalent ou plus élevé de sécurité. ECC emploie des points sur une courbe elliptique pour dériver une clé publique de 160 bits qui est équivalente, relativement au niveau de sécurité, à une clé de 1024 bits de l'algorithme RSA [65]. Par conséquent, une plus petite taille de clé permet d'exécuter plus rapidement l'opération de chiffrement (déchiffrement) et exige un besoin moindre en mémoire. Un inconvénient, cependant, est que l'exécution des opérations de chiffrement (déchiffrement) par ECC prend plus de temps que dans la cryptographie symétrique.

Des résultats [62] prouvent que la cryptographie sur des courbes elliptiques est faisable sur des nœuds avec des ressources limités comparés à celui des crypto systèmes symétriques.

Comment des courbes elliptiques sont utilisées ?

Une courbe elliptique E sur Z_p est définie par une équation de la forme :

$$y^2 = x^3 + a\,x + b$$

où a, $b \in Z_p$ et le discriminant $\Delta = 4a^3 + 27b^2$. L'ensemble $E(Z_p)$ est constitué de tous les points (x, y), x, $y \in Z_p$ qui satisfont l'équation. Le nombre p doit être un nombre premier.

Les nœuds A et B se mettent d'accord (publiquement) sur une courbe elliptique $E(a, b, p)$, c'est-à-dire qu'ils choisissent une courbe elliptique $y^3 = x^3 + a\,x + b$. Ils se mettent aussi d'accord (toujours publiquement) sur un point P situé sur la courbe.

Secrètement, le nœud A choisit un entier d_A, et B un entier d_B, A envoie à B le point $d_A P$, et B envoie à A $d_B P$. Chacun de leur côté, ils sont capables de calculer $d_A(d_B P) = (d_A\,d_B)P$ qui est un point de la courbe, et constitue leur clé secrète commune.

Si un adversaire a espionné leurs échanges, il connaît $E(a, b, p)$, P, $d_A P$, $d_B P$, Pour pouvoir calculer $d_A d_B P$, il faut pouvoir calculer d_A connaissant P et $d_A P$. C'est ce que l'on appelle résoudre le logarithme discret sur une courbe elliptique. Or, actuellement si les nombres sont suffisamment grands, on ne connaît pas de méthode efficace pour résoudre ce problème en un temps raisonnable [64, 66].

En termes de capture de nœud dans les RCSFs, le nœud malveillant peut établir une clé symétrique avec tout autre nœud du réseau.

Un inconvénient de plus est que la théorie des fonctions elliptiques est complexe, et encore récente dans les RCSFs. La cryptographie par courbe elliptique a fait l'objet du dépôt de nombreux brevets à travers le monde ; cela peut rendre son utilisation très coûteuse [66].

La recherche prouve que ECC est un excellent choix pour faire la cryptographie asymétrique dans des RCSFs.

7. Utilisation de la cryptographie symétrique

7.1. Absence de pré-distribution de clés "No key pre-distribution"

Aucune pré-distribution de clés, ce mécanisme considère la réalité des RCSFs. Si un adversaire ne sait pas où et quand des nœuds sont déployés, il serait difficile pour lancer une attaque active.

- "Key Infection" [48]

Anderson et autres ont proposés "INF" un schéma de gestion de clés prévu pour les RCSFs. Le schéma suppose un déploiement de masse et que les nœuds sont statiques. INF installe des clés symétriques entre les nœuds et leurs voisins d'un seul saut. La sécurité est basée sur la surprise : elle est fondée sur le modèle réaliste de l'attaquant (chapitre 3), dans la phase de déploiement de réseau, n'importe quel attaquant peut seulement surveiller un petit pourcentage des voies de transmission.

En premier temps, chaque nœud génère simplement une clé symétrique et l'envoie dans l'espace libre à ses voisins. Une approche de chuchotement de clé est employée, c.-à-d., la clé est au commencement transmise à un niveau de puissance bas. La puissance de transmission est alors augmentée jusqu'à ce que la clé soit entendue par au moins un voisin d'un seul saut et qu'une réponse soit reçue.

Dans l'hypothèse posée par l'auteur, l'adversaire a très peu de probabilité d'intercepter une telle communication locale et de faible portée, et il ne peut pas surveiller tous les nœuds déployés. En outre, l'échange de clés a une durée de quelques secondes à comparer avec la durée de vie du réseau qui se compte en mois voire en années.

Les étapes du protocole s'effectuent comme suit :

1. A diffuse K_A
2. B et C entendent le message de A :
    a. B génère une clé de session K_{AB}
    b. C génère une clé de session K_{AC}
3. Les nœuds B et C renvoient leurs clés au nœud A
    a. $B \longrightarrow A : \{B, K_{AB}\}_{K_A}$
    b. $C \longrightarrow A : \{C, K_{AC}\}_{K_A}$

L'avantage dans ce mécanisme est que la station de base ne participe pas à une installation des clés, ce qui implique moins d'énergie consommée. De plus, on n'a pas besoin de charger des clés dans les capteurs avant le déploiement. INF est simple et permet le passage à l'échelle. Cependant, la sécurité est faible.

INF est vulnérable à l'écoute clandestine pendant le chuchotement des clés. En outre, il n'y a aucune authentification des parties communicantes, la capture des nœuds n'est pas prise en compte.

Exemple de "Key Infection"

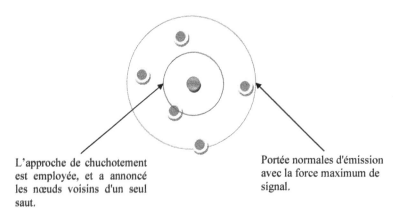

L'approche de chuchotement est employée, et a annoncé les nœuds voisins d'un seul saut.

Portée normales d'émission avec la force maximum de signal.

Figure 4.2 : "key Infection" scenario.

7.2. "Master key based pre-distribution"

Appelé aussi dans [49] "Single network-wide key", c'est le schéma le plus simple. Dans la phase d'initialisation de cette technique, une clé simple est pré-chargée dans tous les nœuds du RCSF. Après déploiement, chaque nœud dans le réseau peut employer cette clé pour chiffrer et déchiffrer des messages. Les avantages offerts par cette technique sont : une mémoire de stockage faible et l'évitement de protocoles complexes. Seulement une clé simple doit être stockée dans la mémoire des nœuds. Il n'y a aucun besoin pour un nœud d'effectuer la découverte ou l'échange de clé puisque tous les nœuds dans une même portée de communication peuvent transférer des messages en utilisant la clé qu'ils partagent déjà ; ici la distribution des clés est presque absente avec un nombre minimal de communications. Bien qu'une seule clé dans le RCSF puisse sembler avantageuse, l'inconvénient principal est que la compromission d'un seul nœud peut entrainer la compromission du réseau entier.

- "Broadcast session key negotiation protocol" (BROSK) [50]

Ce schéma utilise une seul clé chargée dans les nœuds avant déploiement, la clé est utilisée pour établir des clés de session entre les nœuds. Une paire de nœuds (S_i, S_j) échangent des nonces aléatoires et la clé en utilisant la clé principale "master key"[50, 63]. Chaque capteur emploie une unité de mémoire pour enregistrer la clé.

L'inconvénient principal de l'approche "Single network-wide key" est que la compromission d'un nœud cause la compromission du réseau entier, puisque la clé est maintenant connue par l'adversaire. Afin de faire face à ce problème deux scénarios sont possibles :

- Les nœuds sont inviolables "tamper-resistant node": Dans ce cas, la résistance est incorporée dans les nœuds du RCSF, pour empêcher qu'un adversaire extrait la clé. En général, c'est impraticable puisque les adversaires auront une grande incitation à casser cette résistance. Basagni et autres propose "pebblenets" dans [55] supposant que les nœuds sont inviolables.

- Aucun nouveau nœud n'est ajouté au RCSF après déploiement : les nœuds de capteur emploient la clé principale pour chiffrer les seules clés de lien qui sont permutées avec chacun de leurs voisins. Par exemple, le nœud A génère une seule clé K_{AB} et l'envoyée à B chiffré avec la clé principale. Une fois que les clés de lien sont en place, toutes les transmissions sont chiffrées en utilisant les clés appropriées de lien et la clé principale de réseau est effacée de la mémoire des nœuds. N'importe quel nœud qui sera ultérieurement compromis n'indique aucune information secrète sur le reste du réseau. Une limitation importante de cette approche est qu'aucun nouveau nœud ne peut plus tard être ajouté au réseau, qui est habituellement nécessaire pour substituer des nœuds défaillants ou augmenter le RCSF. Une manière possible d'adresser ce problème serait d'exécuter un audit de tous les nœuds de capteur avant chaque phase d'ajout de nouveaux nœuds. Zhu et autres [51] utilisent cette approche pour installer toutes les clés entre les nœuds pendant une phase courte après déploiement (découverte de voisinage), en supposant qu'aucun nœud n'est compromis pendant cette phase, et plus tard tous les nœuds effacent de leurs mémoires la clé principale du réseau. Cette approche, cependant, est vulnérable à la compromission d'un nœud qui a raté la période de découverte de voisinage, et n'a pas effacé sa clé.

- "Lightweight Key Management System"

Dans ce protocole [52], deux nœuds peuvent établir une clé de lien s'ils peuvent s'assurer qu'ils appartiennent au même groupe (génération) de nœuds g. Chaque nœud stocke un petit ensemble de clés indépendantes de la taille de réseau : une clé secrète d'authentification de groupe et une clé principale de génération. Cette clé est employée par deux voisins pour établir une clé après qu'ils se soient authentifiés.

Cette clé leur permet de communiquer à l'avenir. Cette clé est après scindée en deux clés secondaires que les deux nœuds emploient pour le chiffrage et l'authentification de futurs messages. Le nœud capteur initie le protocole en produisant un nonce aléatoire et un message "hello". Le message contient l'identité du nœud, le nonce, et un MAC. À la réception d'un tel message, tout capteur de g peut vérifier si le MAC est valide. Par la suite, le nœud produit un autre nonce aléatoire et l'envoie comme réponse au premier nœud. Quand le nœud initiateur reçoit le message, il peut vérifier si le MAC est valide. Après cet échange, les deux nœuds ont prouvé entre eux qu'ils connaissent la clé d'authentification de groupe et ils peuvent construire une clé symétrique en utilisant une fonction à sens unique. Ce schéma suppose également que les nœuds soient déployés dans des générations et présente une extension permettant aux nœuds de différentes générations de pouvoir communiquer.

S'il y a *g* générations, chaque nœuds à besoin de *4+2g* unités de mémoire pour stocker les clés. La résilience du protocole est faible, un adversaire qui compromet les clés d'authentification et la clé de génération peut compromettre tous les liens des nœuds dans la génération.

7.3. "Paire-wise key pre-distribution"

Dans cette approche, chaque nœud dans le RCSF partage une clé symétrique unique avec chaque autre nœud. Par conséquent, dans un réseau de *n* nœuds, on aura $\binom{n}{2}$ clés uniques. Chaque nœud doit sauvegarder *n-1* clés, une pour chacun des autres nœuds dans le réseau. Ce schéma offre une authentification de nœud-à-nœud. Chaque nœud peut vérifier l'identité du nœud avec lequel il communique.

Les propriétés de cette approche sont comme suit :

- Résilience parfaite à la capture de nœud : similaire à la gestion des clés avec la cryptographie asymétrique, n'importe quel nœud qui est capturé n'indique aucune information sur les communications effectuées dans toute autre partie du réseau.
- Des clés compromises peuvent être retirées : si un nœud est détecté compromis, son ensemble de *n-1* clés est simplement diffusées, aucune authentification n'est nécessaire. Tout nœud qui entend une clé dans son ensemble de clés cesse immédiatement de l'employer. Ceci inhibe efficacement le nœud compromis.
- L'utilisation de cryptographie symétrique.

Le problème principal avec le schéma de "Paire-wise key pre-distribution" est l'inadaptation au facteur d'échelle (scalability) important. En effet, le nombre de clés qui doivent être stockées dans chaque nœud est proportionnel au nombre total de nœuds dans le RCSF. Si un réseau comporte 10.000 nœuds, alors chaque nœud doit stocker 9 999 clés dans sa mémoire [49]. Ainsi, avec une clé de 80 bits, un réseau de 100 nœuds exigera presque 1kB de mémoire sur chaque nœud. En outre, ajouter de nouveaux nœuds peut également être un défi dans cette gestion des clés puisque il faut ajouter la clé du nouveau nœud à tous les autres nœuds du réseau.

- Schéma de Blom

Toutes les clés possibles entre deux nœuds dans un réseau de la taille N peuvent être représentées dans une matrice de clés de taille N × N.

Blom [56] a proposé une méthode pour établir une clé symétrique distincte entre chaque paire de nœuds du réseau par des calculs matriciels.

Une matrice à deux dimensions G de la taille $(\lambda + 1) \times n$, et une matrice symétrique D de la taille $(\lambda + 1)(\lambda + 1)$ sont construites à l'avance. La matrice D contient l'information privée et elle est maintenue secrète pendant toute la durée de vie du réseau. n est le nombre de nœuds et λ est le seuil prévu pour compromettre la sécurité de réseau, "λ-secure property" : si l'adversaire arrive à compromettre un nombre de nœuds inférieur ou égale à λ, le reste du réseau est sécurisé. Le cas où l'adversaire arrive à compromettre avec un taux supérieur à λ nœuds, toutes les paires de clés du réseau peuvent être calculées.

Une nouvelle matrice A est produite par $A = (D \times G)^T$ (transposé de $D \times G$), A a n lignes et $(\lambda+1)$ colonnes.

Chaque nœud i stocke la $i^{ème}$ ligne de la matrice secrète A et de la $i^{ème}$ colonne de la matrice publique G [56, 57].

Après déploiement, chaque paire de nœuds i et j peuvent individuellement calculer la clé partagée entre eux $k_{ij}=k_{ji}$ en échangeant seulement leurs colonnes en claire, parce que la clé est le produit scalaire de leur propre ligne et les colonnes reçues des autres.

Par exemple, le noeud i stocke la $i^{ème}$ ligne de A et la $i^{ème}$ colonne de G, le noeud j stocke la $j^{ème}$ ligne de A et $j^{ème}$ de la colonne G.

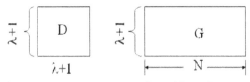

Matrice secrète $D_{(\lambda+1)(\lambda+1)}$ Matrice publique $G_{(\lambda+1)(N)}$

$A = (D \times G)^T$, et $K = A \times G$

Alors : $K = A \times G = (D \times G)^T G = G^T \times D^T \times G = G^T \times D \times G = G^T \times A^T = (A \times G)^T = K^T$

La matrice K est symétrique, l'entrée (i, j) de la matrice égale à l'entrée (j, i).

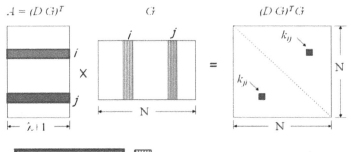

Le nœud i : �   ▦   ($i^{ème}$ ligne de A fois $i^{ème}$ colonne de G)

Le nœud j : ▨▨▨▨▨▨ ▥ ($j^{ème}$ ligne de A fois $j^{ème}$ colonne de G)

Après le calcul, le nœud i obtient k_{ij} et j obtient k_{ji}, avec $k_{ij} = k_{ji}$.

Le schéma de Blom peut attribuer à chaque paire de nœuds dans un RCSF une clé (symétrique) directement, et il tolère la compromission de λ nœuds. Par conséquent, il exige $\lambda+1$ d'espace mémoire et une diffusion d'un message de taille $\lambda+1$, et une multiplication coûteuse de deux vecteurs de $\lambda+1$ éléments.

- Mécanisme de distribution de clés polynomiale

Proposé par Blundo et autres en 1992, le mécanisme assure que chaque paire de nœuds partage une clé par un calcul polynomial. Ce protocole [58] est conforme également à la propriété de λ ("λ-secure property"). Il est considéré comme le schéma de base pour des autres travaux de gestion de clés dans les RCSFs [59, 60].

Un polynôme bivariant (à 2 variables) symétrique $f(x, y)$ de degré λ est généré sur le champ fini F_q où q est un nombre premier assez grand pour être adapté à une clé cryptographique, ($f(x, y) = f(y, x)$).

$$f(x,y) = \sum_{i,j=0}^{\lambda} \alpha_{ij}\, x^i\, y^j$$

Pour chaque nœud i, $f(x, y)$ est évalué au point $x=i$. le $f(i, y)$ est pré-chargé dans le nœud i avant déploiement.

Deux nœuds quelconques i et j peuvent calculer la clé partagée entre eux en échangeant leur identification d'abord, puis le nœud i calcule le $f(i, y)$ avec $y=j$, le nœud j calcule le $f(j, y)$ avec $y = i$.

$f(i, j) = f(j, i) = k_{ij}$, est la clé entre les nœuds i et j.

Par exemple si on a deux nœuds u et v avec les identificateurs 12 et 7 respectivement, q = 17 est choisi comme nombre premier, alors le polynôme symétrique choisi est : $f(x, y)=8+7(x+y)+2xy$.

Le polynôme préenregistré dans chaque nœud est calculé comme suit:

$f_u(12, y)\ mod\ 17 = 7+14y$

$f_v(7, y)\ mod\ 17 = 6+4y$

Une fois que les nœuds u et v aient besoin de communiquer, ils s'échangent leurs identificateurs puis u calcule $k_{uv} = f(12, 7)\ mod\ 17 = 7+14\times7\ mod\ 17=3$ et v calcule $k_{vu} =f(7, 12)\ mod\ 17 = 6+4\times12\ mod\ 17=3 = k_{uv} = k_{vu}$, est la clé établie entre u et v.

Ce mécanisme polynômial assure que deux nœuds quelconques établissent une clé unique, la communication est réduite, la sécurité est parfaite quand pas plus de λ nœuds sont compromis où λ est le degré du polynôme. Le coût de stockage du polynôme est relatif au degré λ.

7.4. Participation de la station de base "Base station participation"

Le problème principal d'employer le schéma "Paire-wise key pre-distribution" est que chaque nœud dans le réseau doit stocker n-1 clés, ceci peut être supprimé si on emploie une station de base confiante pour envoyer les clés de session pour la communication entre deux nœuds quelconques. Ce schéma s'appelle également "key distribution center" (KDC).

La station de base peut servir comme une passerelle (gateway) entre le RCSF et un réseau externe : un autre RCSF, internet, etc. Elle est puissante en termes d'énergie et de mémoire, et peut servir comme interface d'accès utilisateur.

- "SPINS : Security Protocols for Sensor Networks"

Perrig et autres propose "SPINS" [53], pour une architecture centralisée qui assume un arbre comme topologie du réseau. La racine de l'arbre est une station de base, les nœuds de capteur forment le reste de l'arbre. SPINS comprend deux modules : Secure Network Encryption Protocol (SNEP) et la version micro du "Timed Efficient, Streaming, Loss-tolerant Authentication Protocol" (μTESLA).

    o "Secure Network Encryption protocol" (SNEP) [53]

Le protocole SNEP s'intéresse à la protection des communications entre un capteur et une station de base ou entre deux nœuds capteurs dans le réseau.

Par hypothèse, chaque nœud i initialement partage une clé principale symétrique k_i avec la station de base ; à partir de cette clé sont déduites les clés ke_i, ka_i, la première clé est pour le chiffrement, et la deuxième est pour l'authentification. De plus, chaque nœud i partage un compteur CPT_i avec la station de base (un compteur pour chaque direction de communication) ; ce compteur est incrémenté à chaque envoi ou réception de paquet. L'utilisation du compteur permet au récepteur d'avoir une garantie quant à l'ordre des paquets reçus. Enfin, les capteurs ne partagent initialement aucun secret entre eux.

Supposons que la station de base envoie une requête R au nœud i, le message envoyé est le suivant :

Station de base → i : R, MAC (ka_i, CPT_i || R)

L'utilisation de CPT_i protège le nœud i contre les rejeux de paquets ; car à chaque émission de paquet, le compteur est incrémenté des deux cotés. L'utilisation de MAC garantit au capteur i l'intégrité des paquets et leurs origines.

Le capteur i émet la réponse R_i suivante :

i → station de base : {R_i}_{kei,CPTi}, MAC (ka_i, CPT_i || {R_i}_{kei, CPTi})

74

L'utilisation du compteur CPT_i dans le chiffrement de R_i offre une sécurité sémantique, c'est-à-dire le chiffrement du même paquet avec la même clé donne deux différents paquets chiffrés par ce que le compteur change de valeur à chaque réception (émission), et rend difficile la tâche de l'adversaire qui aimerait avoir le texte clair à partir d'un texte chiffré.

Si de plus, la station de base exige de tester l'état de fraîcheur du résultat, c'est-à-dire que le résultat retourné par un capteur vient en réponse à sa requête, alors il est possible d'intégrer dans la requête R un nombre aléatoire N généré par la station de base, il suffira de tester que la réponse fournie a bien pris en compte ce même nombre N. Du fait du caractère aléatoire de N, une réponse émise par un capteur prenant en compte N prouve que la réponse a bien été générée après la réception de la requête R_i. L'état de fraîcheur est donc bien garantie de la sorte. Les échanges deviennent donc :

$$\text{Station de base} \rightarrow i : N, R, MAC\ (ka_i, N \parallel CPT_i \parallel R)$$

$$i \rightarrow \{R_i\}_{kei,\ CPTi}, MAC(ka_i, N \parallel CPT_i \parallel \{R_i\}_{kei,\ CPTi})$$

Lorsque deux nœuds i et j veulent communiquer en toute sécurité, il est tout d'abord nécessaire de mettre en place un secret principale partagé entre ces deux capteurs. Pour cela, la station de base joue le rôle du tiers de confiance en générant une clé k_{ij} et en la communiquant d'une manière protégée à chacun des capteurs [53, 42].

SNEP offre la confidentialité, l'authentification, l'intégrité, et la fraîcheur des données, et nécessite peu de mémoire. Par contre, la station de base sur laquelle toutes communications reposent peut aussi faire l'objet d'une attaque de déni de service, ce qui aboutira à la paralysie du réseau. La taille du compteur CPT_i doit être suffisamment grande pour éviter sa répétition, sinon, le risque existe qu'un attaquant déduise des informations concernant le texte en clair à partir du texte chiffré.

o µTESLA (micro time efficient streaming loss-tolerant authentication)

Le protocole µTESLA s'appuie sur le protocole TESLA développé pour les réseaux ad hoc et l'adapte aux faibles ressources des capteurs. Il assure l'authentification des paquets émis par la station de base en diffusion sur le RCSF.

La station de base partage avec l'ensemble des capteurs une clé de groupe k_g. Cependant, µTESLA vise à authentifier l'origine des paquets émis par la station de base et à éviter qu'un nœud du groupe devenu malveillant n'usurpe l'identité de la station de base lors de l'émission d'un message. Une liste chaînée de clés est générée k^n_g, k^{n-1}_g,....., k^1_g, k^0_g, de telle sorte que $k^{k+1}_g = F(k^k_g)$, où F est une fonction de hachage irréversible. Chaque capteur est initialisé avec la clé k^0_g avant le déploiement du réseau. Cette clé est encore connue comme clé de base "commitment key". De plus, chaque capteur i partage une clé symétrique principale k_i avec la station de base qui permet de s'authentifier mutuellement (avec la clé ka_i).

Les capteurs authentifient les paquets en deux étapes ; pour cela, le temps est décomposé en intervalles T. Dans la première étape, la station de base diffuse les paquets authentifiés P1, P2, … avec la clé k^k_g (k correspondant à l'intervalle de temps choisi pour émettre), ces paquets sont conservés sans traitement par les capteurs qui ne peuvent pas encore vérifier leur provenance car ils ne possèdent pas la clé d'authentification k^k_g. En effet, ils ne connaissent que la clé k^{k-1}_g et du fait de la propriété de la fonction F irréversible, ils ne peuvent pas déduire k^k_g.

Dans une seconde étape, la station de base diffuse la clé d'authentification k^k_g dans l'intervalle de temps $k + \delta$ $(\delta > 1)$, les capteurs vérifient alors que $k^{k-1}_g = F(k^k_g)$ puis ils vérifient que les paquets précédemment envoyés dans l'intervalle k sont correctement authentifiés. Notons que la station de base doit être sûre que tous les paquet sont arrivés à destination des capteurs avant de divulguer la clé d'authentification, sinon un nœud malveillant bien positionné pourrait forger des paquets signés avec cette clé et inonder le réseau, et les capteurs n'auraient alors aucun moyen de distinguer les informations en provenance de la station de base de celles forgées par un nœud malveillant [53, 42]. Comme pour SNEP, la solution de protection des échanges entre capteurs s'appuient sur la relation de confiance existante entre la station de base et chacun des capteurs. Un capteur diffuse ces paquets à travers la station de base qui se charge alors de les diffuser dans le réseau comme décrit précédemment. Cette diffusion consomme de l'énergie car les capteurs sont beaucoup sollicités. µTESLA exige un espace mémoire supplémentaire dans les capteurs pour stocker les paquets non authentifiés jusqu'à la réception de la clé d'authentification.

- "TinySec" [54]

Ce protocole a la particularité d'être implémenté dans le noyau de TinyOS (couche radio), et de rendre les opérations cryptographiques indépendantes des applications.

TinySec suppose qu'initialement chaque nœud partage avec la station de base une clé secrète qui sert à dériver les clés de chiffrement et d'authentification pour des échanges protégés. TinySec prévoit aussi de définir une clé de groupe partagé par tous les nœuds ou un sous ensemble de nœuds, mais il ne précise pas les modalités de distribution de ces clés. C'est pourquoi beaucoup de chercheurs dans la gestion de clés dans les RCSFs ne le considèrent pas comme un protocole de gestion de clés.

TinySec propose deux services de sécurité :

1. Authentification seulement (TinySec-Auth)
2. Authentification avec confidentialité (TinySec-AE)

Avec la première, le paquet de données est envoyé sans qu'il soit encrypté, l'authentification est assurée par l'envoi de MAC du paquet. Le TinySec-AE encrypte le paquet et le MAC du paquet est calculé après l'opération de cryptage, le tout est envoyé vers le destinataire.

7.5. Pre-distribution probabiliste des clès (Probabilistic key pre-distribution)

Les approches probabilistes proposées se basent sur l'idée de distribuer aléatoirement un certain nombre de clés issues d'un ensemble fini, à chaque nœud de réseau avant son déploiement.

- Pre-distribution aléatoire de clés [61]

Pour faire face à des limitations des autres approches, Eschenauer et Gligor [61] ont proposé un schéma aléatoire de pré-distribution considéré et appelé schéma de base dans la plupart des articles émis dans ce domaine. Il adresse la distribution de clés, leur révocation et leur renouvellement.

Le schéma de distribution de clés est divisé en trois étapes : pré-distribution, découverte de clés partagées, et établissement de clé de chemin.

Dans la pré-disribution de clés et avant le déploiement, un éspace de clé S est généré et chaque clé est associée à un identificateur. Pour chaque noeud, m clés sont choisies au hasard (aléatoirement) dans l'ensemble S, ces m clés sont stockées dans la mémoire du nœud et forment le trousseau de clés du nœud (key ring node).

Le nombre de clés $|S|$ de l'ensemble est choisi de telle manière que deux sous-ensembles aléatoires de S de taille m auront une certaine probabilité p d'avoir au moins une clé en commun. Par exemple pour une probabilité de 0,5 seulement 75 clés sont stockées dans les nœuds avec $|S| = 10\ 000$ [61].

Après que les nœuds aient été déployés, une phase de decouverte des clés partagées est effectuée. Les noeuds découvrent leurs voisins et plus particulièrement ceux avec qui ils sont en mesure de communiquer de façon sécurisée car ils possèdent une clé identique dans leur trousseau de clés respectif. Une simple méthode est que chaque nœud diffuse la liste des identificateurs des clés stockées dans sa mémoire. La clé partagée devient la clé de communication (du lien) entre les deux nœuds.

À la fin de cette étape, le réseau est un graphe connecté formé de liens sécurisés. Les nœuds peuvent alors utiliser les liens existants pour mettre en place des clés partagées avec leurs voisins qui ne partageaient pas de clé en commun avec eux.

La révocation est employée pour éliminer le trousseau de clés du nœud qui a été compromis. Pour exécuter la révocation, un nœud de contrôle (qui est comparativement plus puissant et mobile en termes de portée) annonce un message simple de révocation contenant la liste signée des identificateurs des clés qui doivent être retirés. Une fois que les clés sont enlevées des trousseaux des nœuds, quelques liens peuvent disparaître et les nœuds affectés doivent modifier ces liens en exécutant une autre fois l'étape d'établissement de clés de chemin.

Le défi de l'échange probabiliste de clés est de trouver un bon compromis entre la taille de S et la valeur m du nombre de clés par nœud pour obtenir une probabilité maximale de réseau connecté lorsque les nœuds ont été déployés. Une grande valeur de $|S|$ réduit la probabilité p de connectivité du réseau, tandis qu'une valeur plus faible diminue la sécurité en faisant tendre le modèle d'utilisation des clés vers l'équivalent d'une clé unique partagée par le réseau.

L'apport de Chan et autres dans [68] est d'étudier de nouveaux mécanismes pour améliorer la sécurité sous la pression d'une attaque. Les auteurs proposent une version modifiée du schéma où q clés en commun, et non plus une seule, sont nécessaires pour que deux noeuds voisins puissent juger leur canal de communication sécurisé. Cette proposition permet de réduire le risque qu'un noeud capturé puisse être utilisé par l'attaquant pour pénétrer le réseau. Les auteurs nomment cette proposition *q-composite keys scheme* [68].

Une autre étude [68] ("multi-path key reinforcement") préconise de renforcer la sécurité d'un lien entre deux noeuds A et B en changeant la clé k issue de S par une valeur aléatoire. Pour éviter qu'un attaquant capable de déchiffrer les messages échangés par A et B ne puisse intercepter la nouvelle clé, les auteurs suggèrent que A connaissent les différentes routes menant à B et les utilise pour envoyer j valeurs aléatoires $v1, \ldots, vj$ par différents chemins. La nouvelle clé k' sera calculée par B, après réception des j valeurs comme étant :

$$k' = k \oplus v1 \oplus v2 \oplus \bullet \bullet \bullet \oplus vj$$

D'autre travaux [59, 69] appliquent le principe de pré-distribution probabiliste en stockant non pas des clés dans les capteurs mais des polynomes choisis dans un espace de polynomes appelé "polynomial pool".

- "key management using deployement knowledge" [70]

Du et autres [70] ont fait une extension de la gestion de clés développée par Eschenauer et Gligor [61]. Leur schéma exploite des connaissances sur le déploiement, c'est-à-dire si des capteurs sont groupés au préalable avant déploiement. Cette connaissance préalable de déploiement est utile pour la pré-distribution de clés. Quand les capteurs voisins sont connus, la pré-distribution principale devient facile et exige simplement que pour chaque nœud n de stocker des paires de clés entre n et chacun de ses voisins. Ceci garantit que chaque nœud peut établir un canal sécurisé avec chacun de ses voisins après déploiement.

La connaissance de déploiement dans ce schéma est modelisée en utilisant les fonctions de densité de probabilité (pdf : probability density function). Quand la pdf est uniforme, aucune information ne peut être obtenue sur la résidence d'un nœud après déploiement (le cas des autres schémas) [49].

Les avantages de considérer des connaissances sur le déploiement réduit au minimum le nombre de clés et aide à augmenter la résilience ou la résistance à la capture de nœuds et à réduire la complexité en communications. L'inconvénient de ce schéma est la complexité [49].

7.6. Gestion de clés dynamiques "Dynamique key management"

Dans [73], Eltoweissy et autres classifient la gestion de clés dans les RCSFs en deux classes : dynamique ou statique, et ils proposent un schéma appelé "exclusion-based system"(EBS).

Dans la distribution de clés dans une gestion statique toutes les clés sont pré-distribuées aux nœuds avant déploiement et le renouvellement de clés n'est pas appliqué. Par contre, dans une gestion dynamique, un sous ensemble de clés est redistribué aux nœuds après le déploiement, et le renouvellement de clés périodique ou à la demande est effectué, exigant ainsi un nombre restreint de messages et faire face aux nœuds compromis.

EBS assigne à chacun des nœuds k clés sur un ensemble de $k + m$ clés. Si la capture de nœud est détectée, un renouvellement de clés est déclenché en utilisant les m clés non connues par le nœud capturé dans le réseau pour remplacer les clés des nœuds non compromis.

Les avantages d'employer une gestion de clés dynamique sont la "survivability" améliorée du réseau et un meilleur soutien à la croissance de réseau [73]. Un inconvénient, est que si même un nombre restreint de nœuds dans le réseau sont compromis, des informations sur le réseau entier pourraient être découvertes par un adversaire. De plus les auteurs dans [73] ne pricisent pas la méthode de détection d'un nœud compromis.

7.7. Gestion de clés hiérarchique "Hierarchical key management"

Zhu et autres ont émis le protocole "Localized Encryption and Authentication Protocol (LEAP)" [51] est un cadre complet de gestion de clés pour les RCSFs statique. Il inclut des mécanismes pour sécuriser le trafic de la station aux nœuds, des nœuds à la station de base, et la communication nœud à nœud. Les nœuds peuvent être compromis, mais la station de base non.

Les paquets échangés par les nœuds dans un RCSF peuvent être classifiés dans plusieurs catégories basées sur différents critères, par exemple des paquets de commande, des paquets de données, des paquets de broadcast et des paquets d'unicast, des requêtes, des lectures de nœuds. Le besoin en sécurité diffère d'un paquet à un autre. L'authentification est nécessaire pour tous les paquets, alors que la confidentialité n'est demandée que pour un certains types de paquets. Par exemple, les paquets de contrôles de routage n'exigent pas (dans certain cas) la confidentialité, tandis que les lectures transmises par un nœud et les questions envoyées par la station de base peuvent avoir besoin de confidentialité.

Quatre types de clés sont employés pour chaque nœud :

La clé individuelle : chaque nœud a une clé unique partagée avec la station de base. La clé est employée pour sécuriser la communication entre un nœud et la station de base, par exemple, un nœud peut envoyer une alerte à la station de base s'il observe un comportement anormal ou inattendu d'un nœud voisin.

La clé globale : est une clé globalement partagée par tous les nœuds qui est employée par la station de base pour chiffrer les messages diffusés dans tout le réseau.

La clé de Cluster (groupe): est une clé partagée par un nœud et tous ses voisins, et elle est employée pour sécuriser des messages localement diffusés.

Des recherches ont montré que la techniques de "in-network processing" : l'agrégation et la participation passive (un nœud qui écoute un nœud voisin transmet la même information qu'il vient de transmettre, peut choisir de ne pas transmettre la même chose) sont très importantes pour économiser la consommation d'énergie dans des RCSFs.

La clé partagée entre deux nœuds "Paire wise key" : une clé partagée avec chacun des nœuds voisins est employée pour envoyer l'information privée. Par exemple, pour sécuriser la transmission d'un nœud est son chef de groupe "cluster head".

Une phase d'établissement des clés partagées entre les paires de nœuds, les clés de cluster sont effectuées après déploiement. La clé individuelle est générée et pré-chargée dans chaque nœud avant son déploiement. Pour un nœud u, sa clé individuelle est $K^m_u = f_K^m (u)$, où f est une fonction pseudo-aléatoire et K^m est la clé maitresse qui n'est connue que par la station de base. La station de base n'a pas besoin de stocker toutes les clés individuelles, elle les calcule au fur et à mesure qu'elle en a besoin.

Un nœud emploie sa clé individuelle pour chiffrer des messages qu'il envoie à la station de base. Les messages de diffusion sont envoyés par la station de base chiffrés avec la clé globale mais authentifié avec le protocole déjà vu µTESLA [53].

Quand un adversaire obtient un nœud, il est supposé [51] que le nœud ne peut pas être compromis avant t_{min} de temps. Toutes les fois qu'un nœud est déployé dans un RCSF, il a besoin d'un temps (t_{est}) pour identifier ses voisins et pour établir des clés avec eux, on suppose que $t_{min} > t_{est}$ (temps pour établir une clé).

Le protocole LEAP est un peu coûteux en mémoire, parce que chaque noeud doit stocker quatre types de clés. Si le nombre de voisins d'un nœud est d, il doit stocker une clé individuelle, d clés pour ses voisins, d clés de cluster, et une clé de groupe. En outre, un nœud doit stocker une chaîne de clé L à sens unique pour le broadcast local et pour l'authentification des messages de la station de base (utilisation de µTESLA). Le tout à stocker sera $3d + 2 + L$. De plus, la quantité en mémoire du LEAP dépend de la densité du réseau [49].

Cette solution fournit l'authentification et la confidentialité mais avec un coût élevé de communication et la sécurité du système dépend de clé de groupe qui peut être compromise par capture d'un nœud.

D'autres travaux [74] de gestion de clés sont récemment proposés dans les RCSFs hiérarchiques, mais considèrent des réseaux hétérogènes où les nœuds ont des capacités différents avec des rôles différents. La gestion de clés hiérarchique a les points faibles suivants :

- Le chef de groupe (cluster head) constitue un point faible du réseau et peut être ciblé par l'adversaire.
- L'énergie du cluster head est consommé rapidement relativement aux autres nœuds.

7.8. "Location-based keys"

D. Liu et autres [72] ont proposé la gestion de clés basée emplacement (LBKs pour "location-based keys") qui correspondent au seul emplacement géographique de chaque nœud.

Dans ce schéma, les nœuds sont considérés statiques, et d'autres nœuds peuvent être ajoutés à tout moment. Il est difficile d'indiquer exactement avec précision des positions des nœuds, mais il est souvent possible de déterminer approximativement leurs endroits expliquent D. Liu et autres [72]. Ils ont développés alors une gestion de clés pour des paires de nœud qui peuvent tirer profit de l'information d'emplacement.

Supposant que les nœuds sont déployés dans un secteur bidimensionnel appelé le champ cible, et deux nœuds peuvent communiquer s'ils sont dans la portée de signal. L'endroit d'un nœud peut être représenté par une coordonnée *(x, y)* dans le champ cible. Chaque nœud a un endroit prévu (prédéterminé).

Après le déploiement, un nœud est placé à un endroit réel qui peut être différent de son endroit prévu. Ils appellent [72] la différence entre l'endroit prévu et l'endroit réel d'un nœud l'erreur de déploiement.

La solution diminue l'utilisation de mémoire, et préserve une bonne connectivité de clés si les erreurs de déploiement sont faibles.

D'autres travaux ont été proposés dans [71], basés sur ce schéma et hybridés avec d'autre tel que le schéma de base [61].

8. Conclusion

Pour conclure ce chapitre, la gestion des clés est l'un des secteurs les plus importants dans la sécurité des RCSFs, beaucoup de travaux ont été effectués afin d'avoir un schéma performant qui assure un niveau élevé de sécurité et optimise les métriques de performances et conserve l'énergie.

Chapitre V
Proposition

Spanning Tree for Key Management in Wireless Sensor Networks (STKM)

1. Introduction

Établir une communication sécurisée est utile pour la majorité des applications des RCSFs. Le problème est comment établir des clés cryptographiques entre les nœuds capteur, afin d'assurer la sécurisation des communications. Il sera inutile d'intégrer des algorithmes cryptographiques dans un système si la gestion de clés est faible. Dans les RCSFs, la gestion des clés est cruciale pour sécuriser les communications des nœuds. Puisque un crypto système à clé publique comme RSA n'est pas faisable vues les ressources limitées des nœuds capteur, un crypto système symétrique comme RC5 est viable pour les RCSFs.

Les schémas existants de gestion des clés se focalisent sur l'efficacité d'établissement de clés après le déploiement du réseau (l'amorçage), et ignorent le renouvellement de clés qui rend la gestion de clés dynamique et ajoute une difficulté supplémentaire à la tâche de l'attaquant.

Dans ce chapitre, nous proposons un schéma de gestion de clés basé sur la cryptographie symétrique (une version améliorée de ce travail est publié dans la revue "EURASIP Journal on Wireless Communications and Networking" [76]) , et utilisant une méthode de pré-distribution de clés avec renouvellement périodique ou à la demande. L'étude réalisée dans le chapitre 4 montrait que la pré-distribution de clés est la méthode la plus adéquate dans les RCSFs. Un tableau comparatif des schémas du chapitre 4 et notre proposition sont présentés à la fin du chapitre.

2. Hypothèses

Notre schéma se base sur les hypothèses suivantes :

- Le réseau de capteur est statique (les nœuds ne sont pas mobiles).
- Les nœuds capteurs sont homogènes : les nœuds capteurs sont similaires dans leur capacité de traitement, de communication, d'énergie et de stockage.

- Le déploiement est aléatoire : les voisins de n'importe quel nœud ne sont pas connus avant le déploiement.

- Un attaquant peut écouter tout le trafic, renvoyer d'anciens messages, ou injecter ses propres messages.

- La compromission d'un nœud implique que toutes les informations stockées dans sa mémoire sont connues par l'attaquant.

- La station de base n'a pas de contraintes sur les capacités de calcul, de stockage, et ne peut être compromise.

- Les canaux de communications sont bidirectionnels, si un nœud u peut recevoir un message du nœud v alors u peut envoyer un message à v.

3. Notation

On utilise la notation suivante dans notre solution :

Notation	Description
S_i	L'i-ème nœud capteur dans le réseau, S_i dénote l'identificateur (unique) du nœud.
$\{ M \}_k$	Le cryptage du message M par la clé k.
$SB \rightarrow * : M$	La station de base diffuse le message M, tout nœud dans le rayon de perception de la SB reçoit le message M.
$MAC_k (M)$	Le Message Authentication Code du message M avec la clé symétrique k.
$A \parallel B$	La concaténation de l'information A avec l'information B.
N_i	Un nonce généré par le nœud S_i.
$H_k (M)$	Une fonction de hachage à sens unique appliquée à la chaine de caractères M utilisant la clé k.

4. Idée de base

Après un déploiement aléatoire des nœuds, on construit un arbre couvrant de manière sécurisée et conservant l'énergie, par la suite on utilise cet arbre pour le renouvellement de clés. La station de base est l'initiateur de l'algorithme, et chaque nœud tire profit des messages reçus, même si le message n'est pas destiné à ces nœuds, cela permet la réduction de nombre de messages transmis, et par conséquent, minimiser la consommation d'énergie.

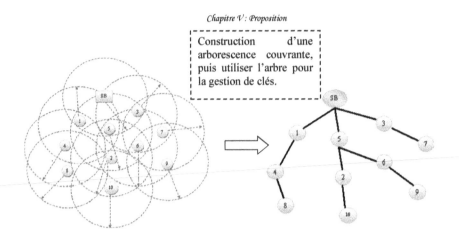

Topologie issue d'un déploiement aléatoire   Arborescence couvrante

Notre objectif est de fournir les buts de sécurité définis auparavant (la confidentialité, l'intégrité, l'authentification, etc.), et de faire face aux différents types d'attaques, et empêcher l'analyse de trafic, par conséquent, toutes les communications sont chiffrées. Notre solution s'appuie sur un scénario d'une grande classe d'applications des RCSFs (surveillance environnementale, surveillance des patients, de l'habitat, etc.).

5. Schéma proposé

Les différentes phases de notre solution sont :

5.1. Pré-distribution de clés

Cette phase est faite par la station de base avant le déploiement ("in offline") :

- Etape 1 : pour chaque nœud capteur S_i du réseau, on assigne un identificateur unique.

- Etape 2 : chaque nœud possède une clé partagée avec la station de base $K_{i, SB}$ pour chiffrer les messages du nœud vers la station de base, et une autre clé $K_{SB, i}$ pour les messages du sens inverse, l'utilisation de deux clés ajoute du poids à la tâche de l'attaquant qui fait de la cryptanalyse. Ces deux clés sont utilisées pour sécuriser les communications entre les nœuds et la station de base et vis versa. Par exemple, le nœud peut utiliser sa clé pour authentifier ses lectures (valeurs captées) envoyées à la station de base. Une clé K_r est partagée par tous les nœuds du réseau, cette clé est utilisée pour chiffrer (déchiffrer) les messages juste après le déploiement (l'amorçage).

5.2. Construction de l'arbre

Après le déploiement, chaque nœud copie sa clé K_r dans sa RAM (mémoire volatile), et la supprime de la mémoire non volatile (EROM). Si un attaquant capture (accès physique, plus les outils nécessaires) un nœud quelques secondes après le déploiement, il n'aura pas accès à la clé K_r.

La station de base initie l'algorithme par la diffusion du message suivant :

SB → * : { SB, HELLO, 0, --, MAC_{K_r} (SB, CPT) }$_{K_r}$;   (1)

Le but de ce message est de découvrir les nœuds voisins de la station de base, CPT est un compteur initialisé à zéro et reflète le niveau dans l'arbre (la station de base est la racine de l'arbre). Les MAC du compteur et de l'identificateur de la source du message sont calculés, le tout est chiffré par la clé K_r.

A la réception de message la première fois par n'importe quel nœud S_i :

1. Recieve (msg) ;

2. Père := SB ;   /* Père reçoit l'identificateur du contenu du champ 1 du message 1 : le nœud récepteur déclare l'identificateur du premier message reçu comme père */

3. MonComp := 0 + 1 ; /* incrémenter le compteur du nœud récepteur : champ 3 du message 1 */

4. Si (Père == SB) Alors

5. $K_{S_i, SB}$ est la clé partagée entre la SB et le nœud S_i (pré-distribuée)

6. Sinon

7. Calcul de la clé partagée avec le nœud père : K_{S_i, S_j} := H_{K_r} (S_i || S_j || MonComp) ;   /* S_j est le père de S_i */

8. S_i → * : { S_i, HELLO, MonComp, Père, MAC_{K_r} (S_i, MonComp, Pére) }$_{K_r}$;

A la réception d'autres messages par n'importe quel nœud S_j y compris la station de base :

1. Recieve (msg) ;

2. Si (MonComp == Comp – 1) & (Père == MonId) Alors /* Comp : le compteur reçu dans le message, MonId : l'identificateur du nœud récepteur */

3. Ajouter le nœud S_i à la liste des fils ;

4. Calcul de clé partagée avec fils : $K_{Sj, Si} := H_{Kr} (S_i \| S_j \| \text{MonComp} + 1)$;   /* S_i est le nœud fils de S_j, dans le cas où la SB est père ; les clés partagées avec les fils sont pré-distribuées déjà */

5. Sinon

6. Ajouter le nœud S_i à la liste des voisins ;

7. Finsi

5.3. Maintenance de l'arbre et rafraichissement de clés

À la fin de la phase précédente, chaque nœud partage : une clé symétrique avec la station de base, une clé symétrique avec son nœud père, et la clé K_r partagée par tout le réseau. Si un nœud père détecte qu'un de ses fils est malveillant, il ignore ses messages, et il le supprime de la liste des fils. Dans le cas inverse, où un fils détecte que son nœud père est malveillant, et si sa liste de voisins n'est pas vide, il choisi un de ses voisins comme père en lui envoyant un message pour l'informer ; le nœud père confirme au nœud fils par l'envoi d'un autre message, et les deux calculent leur clé symétrique partagée.

Dans notre solution l'ajout de nouveau nœud est comme suit :

1. Le nouveau nœud diffuse le message : $S_n \rightarrow *$: { S_n, JOIN, N_n, $\text{MAC}_{Kr} (S_n, N_n)$ }$_{Kr}$;

2. Tout nœud dans le rayon de perception du nouveau nœud répond par le message suivant : { S_i, MonComp, N_n, N_i, $\text{MAC}_{Kr} (S_i, \text{MonComp}, N_i)$ }$_{Kr}$;

3. Le nouveau nœud déclare la source du premier message reçu comme père, et les autres nœuds comme voisins et diffuse le message : { S_n, Père, N_i }$_{Kr}$;

4. Le nœud père ajoute son nouveau fils dans la liste des fils, et les nœuds voisins ajoutent le nouveau nœud dans la liste des nœuds voisins.

5. Le nœud père et le nœud fils calculent leur clé partagée.

Un renouvellement de clés est lancé par la station de base, soit d'une manière périodique ou à la demande.

Pour chaque nœud voisin S_i, la station de base envoie le message : {SB, REFRESH, N_{SB}, MAC_{Kr} (SB, N_{SB}) }$_{KSB, i}$;

Un nœud fils de la station de base reçoit le message, rafraîchit la clé K_r par : $K_r := H_{K_r}$ ($K_r \parallel N_{SB}$), et envoie à chacun de ses fils un message (crypté par la clé symétrique partagée entre père et fils) de rafraîchissement de clé avec le même nonce N_{SB} (pour avoir la même clé K_r).

Le message de rafraîchissement est propagé dans l'arbre, on aura à la fin le renouvellement de la clé du réseau, la clé renouvelée est par la suite utilisée.

6. Exemple applicatif

Soit l'exemple suivant (figure 5.1) illustrant le déroulement du protocole.

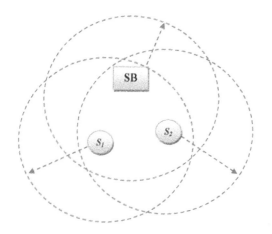

Figure 5.1 : Exemple illustratif.

La station de base SB → * : { SB, HELLO, 0, --, MAC_{K_r} (SB, 0) }$_{K_r}$;

Les nœuds S_1, S_2 reçoivent le message de la station de base en parallèle :

Le nœud S_1 :	Le nœud S_2 :
1. Père := SB ;	1. Père := SB ;
2. MonComp := 0 + 1 ;	2. MonComp := 0 + 1 ;
3. La clé partagée avec SB est $K_{S1, SB}$;	3. La clé partagée avec SB est $K_{S2, SB}$;
4. S_1 → * : { S_1, HELLO, MonComp, Père, MAC_{K_r} (S_1, MonComp, Père) }$_{K_r}$; (2)	4. S_2 → * : { S_2, HELLO, MonComp, Père, MAC_{K_r} (S_2, MonComp, Père) }$_{K_r}$; (3)

Si le nœud S_1 accède au canal le premier, il diffuse son message (2) avant le message (3) de S_2, le message (3) sera mis en attente.

La SB et le nœud S_2 reçoivent le message (2) du nœud S_1 :

Au niveau de la SB :   Au niveau du nœud S_2 :

   1. Ajouter S_1 à la liste des fils ;   1. Ajouter S_1 à la liste des voisins ;

   2. La clé partagée est K_{SB, S_2} ;

Le canal est libre S_2 diffuse son message (3) :

La SB :   Le nœud S_1 :

   1. Ajouter S_2 à la liste des fils ;   1. Ajouter S_2 à la liste des voisins

   2. La clé partagée est K_{SB, S_2} ;

On aura l'arbre de la figure suivante :

Figure 5.2 : Arbre résultat de l'exemple.

7. Évaluation

Nous évaluions dans cette section notre solution en termes de complexité : en mémoire, en communication, résistance contre la compromission et le passage à l'échelle.

7.1. Complexité en mémoire

Dans le schéma proposé, un nœud a besoin de mémoriser initialement trois clés avant le déploiement. Après le déploiement, chaque nœud calcule un nombre de clés dépendant du nombre des ces voisins. Si un nœud à d nœuds voisins dont d' sont des fils, l'ensemble de clés stockées par le nœud S_i est : deux clés (avec la station de base) + une clé (partager par tout le réseau) + d' clés. Par exemple, si pour un nœud S_i, $d' = 10$, 13 clés seront mémorisées à la fin de notre algorithme. Avec une clé de taille 256 bits, on aura besoins de 416 octets. La complexité en mémoire de STKM est acceptable pour les capteurs de nos jours et requiert moins d'exigence par apport à d'autres solutions (voire le tableau 5.1).

7.2. Complexité en communication

L'analyse de la complexité en communication pour la construction de l'arbre est mesurée en nombre de messages reçus et émis par chaque nœud. Chaque nœud envoie un message et reçoit d messages de ces voisins, c.-à-d. $d + 1$ messages par chaque nœud. Le nombre de voisins d dépend de la densité de notre RCSF. Notre solution à une complexité en communication faible par rapport à d'autres solutions proposées (voir tableau 5.1), de plus STKM est déterministe : connectivité égale à un (pas de notion de probabilité).

7.3. Capture de nœuds et passage à l'échelle

STKM résiste contre la capture de nœuds, les nœuds capturés n'influent pas sur leurs nœuds voisins.

Après la capture d'un nœud par un attaquant, que peut faire ce dernier?. Il aura la clé partagée avec la station de base : il est alors capable d'envoyer de l'information erronée (lectures) à la station de base, cette dernière peut disposer d'un mécanisme pour vérifier le comportement des nœuds émetteurs de l'information afin de juger un fonctionnement normal ou non d'un nœud. L'attaquant aura aussi accès aux clés des fils du nœud victime, il peut envoyer des messages inutiles aux fils pour consommer leurs énergies.

On note que, dans la période d'amorçage (juste après le déploiement) et au moment de la construction de l'arbre, si un attaquant arrive à compromettre un nœud et récupérer la clé K_r, il peut calculer la clé de ce nœud avec son père et avec ses fils. C'est malheureusement une faiblesse pour STKM.

Le passage à l'échelle est une métrique très importante en proposant des algorithmes distribués, et surtout pour les RCSFs. Le passage à l'échelle pour STKM entraine une augmentation de mémoire de stockage des capteurs, et aussi le nombre des messages reçus par chaque capteur de ses voisins.

8. Simulation

Nous avons utilisé MATLAB afin de simuler des déploiements aléatoires des RCSFs, et cela pour montrer la complexité en communication et le passage à l'échelle qui sont des métriques très importantes lorsqu'on désire proposer des solutions pour les RCSFs.

La figure suivante illustre un réseau de 150 nœuds capteurs déployés aléatoirement dans une surface de 100 * 100 mètres². Chaque nœud du réseau a une portée de signal de 15 mètres. Nous illustrons dans la figure 5.4 la couverture de portée du signal de chaque nœud et nous joignons à l'aide d'une ligne les nœuds voisins.

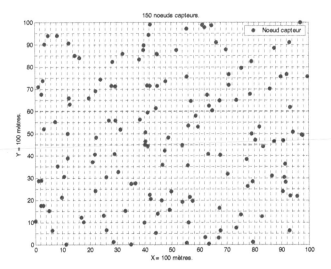

Figure 5.3 : Déploiement aléatoire de 150 nœuds.

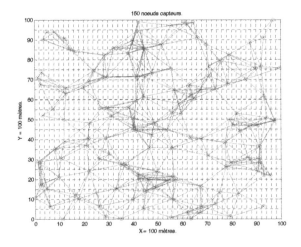

Figure 5.4 : Découverte de voisinage.

L'histogramme suivant montre la complexité en communication (nombre de messages) par chaque nœud capteur en fonction de nombre de voisins, à travers ce résultat, nous constatons que le nombre maximum de messages qui peuvent être reçus par un nœud du réseau est 14 massages. Si la valeur d'énergie consommée par chaque réception de message est connue, nous pouvons calculer le total d'énergie consommée.

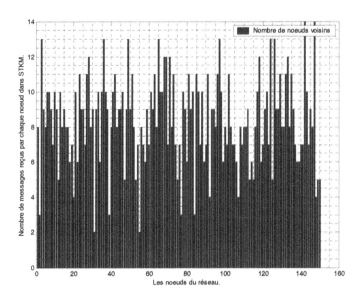

Figure 5.5 : Nombre de messages pour chaque nœud d'un réseau de 150 nœuds.

Nous avons augmenté le nombre de nœuds capteur déployés (du 150 au 400) pour évaluer le passage à l'échelle de STKM. La figue 5.6 illustre le déploiement des nœuds. Puis l'histogramme résultant de ce déploiement (400 nœuds) est présenté dans la figure 5.7 où nous constatons qu'une augmentation par un facteur de 2,66 résulte d'un ajout de 9 messages engendrés par notre proposition STKM.

Après avoir réalisé différentes expériences sur des RCSFs de tailles variant de 150 à 400 nœuds, nous avons calculé le nombre maximum de messages pouvant être reçus par un nœud en fonction du nombre des nœuds capteurs dans le réseau. La figure 5.8 résume ces résultats, en signalant ici que les réseaux de 150 à 250 nœuds sont déployés dans une surface de 100 * 100 mètres², et les réseaux de plus de 250 nœuds sont déployés dans une surface de 150 * 150 mètres² pour des raisons de connectivité.

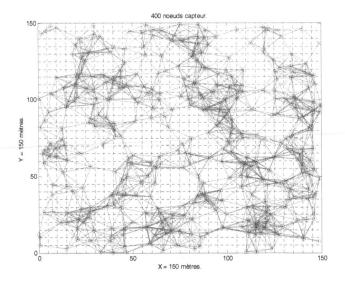

Figure 5.6 : Déploiement aléatoire de 400 nœuds.

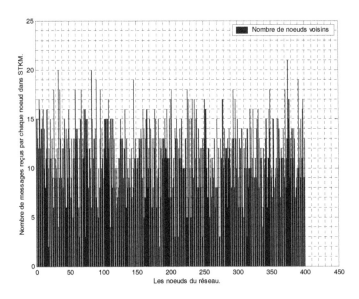

Figure 5.7 : Nombre de messages pour chaque nœud d'un réseau de 400 nœuds.

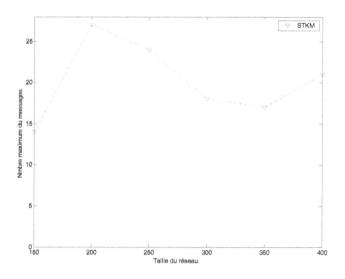

Figure 5.8 : Nombre maximum de message reçus par un nœud vs la taille du réseau.

9. Comparaison

Nous présentons une comparaison des protocoles de gestion de clés, en se basant sur les métriques d'évaluation citées dans le chapitre 4 :

Métriques / Schémas	Complexité en mémoire	Complexité en communication	Connectivité	Résilience contre la capture de nœud	Passage à l'échelle " Scalability "
"Key Infection" [48]	Dépond du nombre de voisins à un saut (d)	Pour chaque nœud : 2 x d	100 %	Faible	Bien
BROSK [50]	1	2 x d	100 %	Très faible	Très bien
"Lightweight Key Management System" [52]	4 + 2g	2 x d	100 %	Très faible	Très bien
Schéma de	$2(\lambda + 1)$	$d + 1$	100 %	λ-secure	Moyen

Blom [56]					
Schéma polynomial [58]	$\lambda +1$	$d + 1$	100 %	λ-secure	Très bien
SPINS [53]	5 + la liste chaînée de clé utilisée par μTESLA	Nombre de nœuds x 3 / 2	100 %	Faible	Moyen
Pre-distribution aléatoire de clés [61]	La taille du trousseau de clés *m* + l'identificateur (ids) de chaque clé	$d + 1$	p	Dépend de *m* et de *p*	Bien
q-composite [69]	2 x *m*	$d + 1$	$p' < p$	Dépend de *m* et de *p'*	Moyen
"key management using deployment knowledge" [70]	$d - 1$	$d + 1$	p''	Dépend de *d* et de *p''*	Bien
Gestion de clés dynamique [73]	*k* clés + les ids des clés	$d + 1$	p_c	Dépend de *k* et de p_c	Bien
LEAP [51]	(3 x *d*) + 2 + la chaîne de clés pour μTESLA	(2 x *d*) + 1	100 %	Très bien avant T_{min}	Bien
"location-based keys" [72]	*2 x d + 1*	2 x *d*	p_r	λ-secure	Bien
STKM	3 + nombre de fils	$d + 1$	100 %	Bien	Bien

Tableau 5.1 : Comparaison entre les protocoles de gestion des clés [76].

10. Conclusion

La sécurité permet d'utiliser les RCSFs avec confiance. Sans sécurité, l'utilisation des RCSFs dans n'importe quel domaine d'application aurait des conséquences indésirables. Etablir une communication sécurisée implique l'établissement et la distribution des clés pour crypter et authentifier les messages. La gestion des clés est le problème le plus délicat de la cryptographie. Notre contribution essaie de fournir un mécanisme de distribution de clés sécurisé et efficace, permettant un simple établissement de clés pour les RCSFs.

Des perspectives pour notre solution peuvent être : étendre STKM pour supporter des RCSFs dont les nœuds seront mobiles, et inclure un mécanisme pour détecter les nœuds compromis et les comportements byzantins.

Conclusion générale

L'avènement récent de la technologie des réseaux de capteurs sans fils, conjugué au progrès de miniaturisation des composants et à l'allongement de la durée de vie des batteries, annoncent un futur prometteur à cette technologie. De plus, le développement de nouveaux capteurs plus performants permettra d'étendre d'avantage les domaines d'applications déjà nombreux.

Les RCSFs constituent des sujets de recherche innovants pour diverses disciplines des sciences et techniques de l'information et de la communication mais avec toutefois des contraintes spécifiques s'érigeant en défis certains à relever. Parmi les problèmes posés à l'heure actuelle dans ce type de réseaux, la sécurité en est un véritable et auquel une solution adéquate doit être apportée.

Le travail consigné dans ce livre a été le fruit d'une étude menée dans le contexte des réseaux ad hoc en général et des RCSFs en particulier et ce, relativement au problème de sécurité. Diverses attaques ont été étudiées et pour y faire face, la technique de cryptographie adaptée s'est avérée un bon choix et détenir un consensus des chercheurs quant à son application. Nous avons ainsi étudié et classé différents schémas de gestion de clés proposés dans la littérature spécialisée, au travers desquels les buts de sécurité face aux attaques potentielles sont accomplis de manière plus ou moins satisfaisante. De cette étude, résulte notre contribution consistant en une proposition d'une solution de gestion de clés pour les RCSFs. Nous avons tenté de trouver un compromis entre le niveau de sécurité à assurer et le respect des contraintes posées par ces réseaux. Nommé STKM (Spanning Tree for Key Management in wireless sensor networks), notre solution montre à travers les résultats de l'évaluation qu'elle peut fournir plus de sécurité avec moins d'exigence que d'autres solutions.

Comme la plupart des solutions de gestion de clés proposées ont été conçues pour des RCSFs statiques, les RCSFs mobiles connaissent actuellement une certaine fébrilité de recherche et de nombreuses applications s'y sont développées. Concevoir un protocole efficace de gestion de clés pour de telles applications demeure encore un domaine de recherche ouvert. Il serait donc plausible, comme perspective de notre travail, d'adapter notre proposition à une mobilité des nœuds.

RÉFÉRENCES

[1] A. S. Tanenbaum. "Computer Networks 4th Edition", Prentice Hall, 2003.

[2] Internet Engineering Task Force (IETF). Groupe de travail MANET (mobile ad hoc network). http://www.ietf.org

[3] I. F. Akyildiz, W. Su, Y. Sankarasubramaniam, and E. l. Cayirci. "A survey on sensor networks". *IEEE Communications Magazine*, Vol. 40, No. 8, pp. 102-116, August 2002.

[4] Q. Zhao and L. Tong. "Distributed opportunistic transmission for wireless sensor networks". *Proceedings of the International Conference on Acoustics, Speech and Signal Processing (ICASSP 2004)*, may 2004

[5] Equipe de Get 2005 Capt'Ad-hoc. "Sensor networks: State of the art". *Technical Report, Telecom Paris, ENST Br, INT, INRIA*, Mars 2006.

[6] I. Khemapech, I. Duncan and A. Miller. "A survey of wireless sensor networks technology". *In PGNET, Proceedings of the 6th Annual PostGraduate Symposium on the Convergence of Telecommunications, Networking & Broadcasting*, June 2005.

[7] D. Culler, D. Estrin, and M. Srivastava. "Overview of Sensor Networks". *In IEEE Computer*, vol. 37, no. 8, pp. 41–49, august 2004.

[8] K. Lorincz, D. J. Malan, T. R .F. Fulford-Jones, A. Nawoj, A. Clavel, V. Shnayder, G. Mainland, M. Welsh, and S. Moulton. "Sensor Networks for Emergency Response: Challenges and Opportunities". *IEEE Pervasive Computing*, vol. 03, no. 4, pp. 16-23, Oct-Dec, 2004.

[9] I.F. Akyildiz, W. Su, Y. Sankarasubramaniam, E. Cayirci. "Wireless sensor networks: a survey". *Computer Networks 38, Elsevier Science*, pp. 393–422, 2002.

[10] L. Khelladi and N. Badache. "Les réseaux de capteurs : état de l'art". *Rapport de Recherche, Faculté Electronique et Informatique Bab Ezzouar-Algérie*, Février 2004.

[11] A. Savides, C. C. Han, and M. B. Srivastava. "Dynamic fine-grained localization in ad-hoc networks of sensors". *Proceedings of ACM MOBICom and Networking, Rome*, Italy, pp.166-179, July 2001.

[12] R. Meraihi. "Gestion de la qualité de service et contrôle de topologie dans les réseaux ad hoc". *Thèse de doctorat, Ecole nationale supérieure des télécommunications, TELECOM Paris*, 2003.

[13] A. Salhieh, J. Weinmann, M. Kochhal, and L. Schwiebert. "Power Efficient Topologies for Wireless Sensor Networks". *Wayne State University, Dept. of Electrical and Computer Engineering, Detroit, MI 48202*.

[14] V. Raghunathan, C. Schurgers, S. Park, and M. B. Srivastava. "Energy-aware wireless microsensor networks". *IEEE Signal Processing Magazine*, Vol. 19, No. 2, pp. 40-50, Mars 2002.

[15] G. J. Pottie and W. J. Kaiser. "Wireless integrated network sensors". *Communications of the ACM*, Vol. 43, No. 5, pp. 51-58, May 2000.

[16] S. Jain. "Energy Aware Communication in Ad-hoc Networks". *Technical Report UW-CSE*, June 2003.

[17] I. Demirkol, C. Ersoy, and F. Alagöz. "MAC protocols for wireless sensor networks: A survey". *IEEE Communications Magazine*, Vol. 44, No. 4, pp. 115-121, April 2006.

[18] T. Pering, T. Burd, and R. Brodersen. "The simulation and evaluation of dynamic voltage scaling algorithms". *Proceedings of International Symposium on Low Power Electronics and Design ISLPED '98*, pp. 76–81, August 1998.

[19] http://www.answers.com/topic/transducer.

[20] Guy Pujolle. "Les Réseaux". 5ème édition, 2006, ISBN : 2-212-11987-9

[21] B. Bougard, F. Catthoor, D. C. Daly, A. Chandrakasan, and W. Dehaene. "Energy efficiency of the IEEE 802.15.4 standard in dense wireless microsensor networks: Modeling and improvement perspectives". *Proceedings of the Conference on Design, Automation and Test in Europe, (DATE)*, 2005.

[22] A. Delye, V. Gauthier, M. Marot, and M. Becker. "Etat de l'art sur les réseaux de capteurs". *Rapport de Recherche INT N-05001RST GET-INT, UMR5157 SAMOVAR, Institut National des Télécommunications*, Evry, France, 2005.

[23] E. H. Callaway. "Wireless sensor networks: Architectures and protocols". Crc press edition, 2004.

[24] http://www.zigbee.org.

[25] D. E. Denning and G. M. Sacco. "Timestamps in key distribution protocols". *Communications of the ACM,* pp. 533–536, 1981.

[26] S. Delaune and F. Jacquemard. "A decision procedure for the verification of security protocols with explicit destructors". *In Proc. 11th ACM Conference on Computer and Communications Security (CCS'04)*, pp. 278–287, 2004.

[27] RSA Laboratories. http://www.rsasecurity.com/rsalabs.

[28] W. Stallings. "Cryptography and Network Security Principles and Practices". Fourth Edition, Publisher: Prentice Hall, Pub Date: November 16, 2005.

[29] "Specification for the Advanced Encryption Standard (AES)". *Federal Information Processing Standards Publication 197 (FIPS PUB 197)*, 2001.

[30] R. L. Rivest. "The RC5 encryption algorithm". *In Proceeding of the 2nd Workshop on Fast Software Encryption, Springer*, 1995.

[31] F. Hu and N. K. Sharma. "Security considerations in ad hoc sensor networks". *Ad Hoc Networks 3, Elsevier Science*, pp. 69–89, 2005.

[32] D. Carman, P. Kruus, and B. Matt. "Constraints and approaches for distributed sensor network security". *NAI Labs T.R. #00-010*, 1 June 2000.

[33] J. P. Walters, Z. Liang, W. Shi, and V. Chaudhary. "Wireless Sensor Network Security: A Survey". *Security in Distributed, Grid, and Pervasive Computing, Auerbach Publications*, CRC Press 2006.

[34] X. Perséguers. "La sécurité dans les réseaux de capteurs sans fil". *Mém. Master, Ecole Polytechnique Fédérale de Lausanne (EPFL) et Centre Suisse d'Electronique et de Microtechnique (CSEM)*, February 2005.

[35] F. Anjum and S. Sarkar. "Mobile, Wireless, and Sensor Networks Technology, Applicatios, and Future Directions". *IEEE Press*, 2006.

[36] C. Karlof and D. Wagner. "Secure Routing in Wireless Sensor Networks: Attacks and Countermeasures". *In First IEEE International Workshop on Sensor Network Protocols and Applications*, May 2003.

[37] D. Cvrcek and P. Svenda. "Smart Dust Security – Key Infection Revisited". *Electronic Notes in Theoretical Computer Science 157, Elsevier*, pp. 11–25, 2006.

[38] A. Perrig, J. Stankovic, and D. Wagner. "Security in Wireless Sensor Networks". *Communications of the ACM*, Vol 47, 53-57, June 2004.

[39] D. Boyle and T. Newe. "Securing Wireless Sensor Networks: Security Architectures". *JOURNAL OF NETWORKS*, VOL. 3, NO. 1, January 2008

[40] A.D. Wood and J.A. Stankovic. "Denial of Service in Sensor Networks". *IEEE Computer*, Volume: 35, Issue: 10 ,48-56, Oct. 2002.

[41] W. Stallings. "Cryptography and Network Security principles and practice", 2ème edition, Prentice Hall, Englewood Cliffs, 1998.

[42] H. Chaouchi and M. L. Maknavicius. "La sécurité dans les réseaux sans fil et mobiles 3 : technologies émergentes (Traité IC2, série Réseaux et télécoms)", Edition Hermes Loivoisier, 2007.

[43] N. Amor, S. Benferilat, and Z. Elouedi. "Naïve Bays vs Decision trees in intrusion detection". *Proceeding 6th ACM symposium on applied computing*, pp.420-424, mars 2004.

[44] Y. C. Hu, A. Perrig, and D. B. Johnson. "Wormhole attacks in wireless networks" *IEEE Journal on Selected Areas in Communications*, vol. 24, no. 2, pp. 370–380, Feb. 2006.

[45] D. W. Carmen, P. S. Kruus, and B. J. Matt. "Constraints and approches for distributed sensor network security". *NAI Labs Technical report #00-010*, September 2000.

[46] R.J. Watro, D. Kong, S. F. Cuti, C. Gardiner, C. Lynn, and P. Kruus. "Tinypk: securing sensor networks with public key technology". *In ACM SASN '04*, pp. 59–64, 2004.

[47] F. Hu, J. Ziobro, J. Tillett, and N. Sharma. "Wireless Sensor Networks: Problems and Solutions". *Rochester Institute of Technology, Rochester, New York USA.*

[48] R. Anderson, H. Chan, and A. Perrig. "Key Infection : Smart Trust for Smart Dust". *In Proceedings of the 12th IEEE International Conference on Network Protocols*, pp. 206-215, October 2004.

[49] Y. Xiao, V. K. Rayi, B. Sun, X. Du, F. Hu, and M. Galloway. "A survey of key management schemes in wireless sensor networks". *Computer Communications 30, Elsevier*, May 2007.

[50] B. Lai, S. Kim, and I. Verbauwhede. "Scalable session key construction protocol for wireless sensor networks". *In IEEE Workshop on Large Scale RealTime and Embedded Systems (LARTES)*, 2002.

[51] S. Zhu, S. Setia, and S. Jajodia. "LEAP: Efficient security mechanisms for large-scale distributed sensor networks". In *ACM CCS*, pp. 62–72, October 2003.

[52] B. Dutertre, S. Cheung, and J. Levy. "Lightweight Key Management in Wireless Sensor Networks by Leveraging Initial Trust". *SDL Technical Report SRI-SDL-04-02*, April 6, 2004.

[53] A. Perrig, R. Szewczyk, V. Wen, D. Culler, and J.D. Tygar. "SPINS: Security Protocols for Sensor Networks". *In Proceedings of the 7th Ann. Int. Conf. on Mobile Computing and Networking, ACM Press* , pp. 189–199, 2001.

[54] C. Karlof, N. Sastry, and D. Wanger. "TinySec : A Link Layer Security Architecture for Wireless Sensor Networks". *Proceeding 2nd ACM Conference on Embdded Networked Sensor Systems (SenSys 2004), Baltimore, Maryland, Etats-Unis*, pp. 162-175, november 2004.

[55] S. Basagni, K. Herrin, D. Bruschi, and E. Rosti. "Secure pebblenets". *In Proc. 2001 ACM Int. Symp. on Mobile Ad HocNetworking and Computing,. ACM Press*, pp. 156–163, October 2001.

[56] R. Blom. "An optimal class of symmetric key generation systems". *In: Proceedings of the Eurocrypt 84Workshop on Advances in Cryptology: Theory and Application of Cryptographic Techniques. Springer Verlag*, pp. 335-338, 1985.

[57] S. Dong-Mei and H. Bing. "Review of Key Management Mechanisms in Wireless Sensor Networks". *ACTA AUTOMATICA SINICA*, Vol. 32, No. 6, November 2006.

[58] C. Blundo, A. D. Santix, A. Herzberg, S. Kutten, U. Vaccaro, and M. Yung. "Perfectly-secure key distribution for dynamic conferences". *In: Proceedings of the 12th Annual International Cryptology Conference on Advances in Cryptology, Berlin: Spring-Verlag*, pp. 471-486, 1992.

[59] D. Liu and P. Ning. "Establishing pairwise keys in distributed sensor networks". *In: Proceedings of 10th ACM Conference on Computer and Communications Security (CCS'03). Washington DC: ACM Press*, pp. 41-47, 2003.

[60] D. Liu and P. Ning. "Improving key pre-distribution with deployment knowledge in static sensor netowrks". *ACM Transactions on Sensor Networks, 1(2)*, pp. 204-239, 2005.

[61] L. Eschenauer and V. Gligor. "A Key Management Scheme for Distributed Sensor Networks". *In 9th ACM conference on Computer and Communications Security*, November 2002.

[62] J. Grobschadl. "TinySA: A Security Architecture for Wireless Sensor Networks (Extended Abstract)". *CoNEXT'06, Lisbon ACM*, December 2006.

[63] B. C. Lai, D. D. Hwang, S. P. Kim, and I. Verbauwhede. "Reducing Radio Energy Consumption of Key Management Protocols for Wireless Sensor Networks". *ISLPED'04, Newport Beach, California, USA*, August 9–11, 2004.

[64] Wikipedia. Elliptic curve cryptography. http://en.wikipedia.org/wiki/Elliptic_curve_cryptography.

[65] A. S. Wander, N. Gura, H. Eberle, V. Gupta, and S. C. Shantz. "Energy analysis of public-key cryptography for wireless sensor networks". *Pervasive Computing and Communications, IEEE International Conference*, pp. 324-328, on 8-12 March 2005.

[66] http://www.apprendre-en-ligne.net/crypto/menu/index.html

[67] P. Ning and A. Liu. "TinyECC: Elliptic Curve Cryptography for Sensor Networks". 2007, available on : http://discovery.csc.ncsu.edu/software/TinyECC/

[68] H. Chan, A. Perrig, and D. Song. "Random key pre-distribution schemes for sensor networks". *In Proceedings of the IEEE Symposium on Security and Privacy*, pp. 197– 213, May 11–14, 2003.

[69] P. Ning, R. Li, and D. Liu. "establishing pairwise keys in distributed sensor networks". *ACM Transactions on Information and System Security 8 (1)*, pages 41–77, 2005.

[70] W. Du, J. Deng, Y. S. Han, S. Chen, and P. K. Varshney. "A key management scheme for wireless sensor networks using deployment knowledge". *In Proceedings of the IEEE InfoCom, 7-11*, March 2004.

[71] F. Anjum. "Location dependent key management using random key predistribution in sensor networks". *In Proceedings of WiSe'06*, 2006.

[72] D. Liu and P. Ning. "Location-based pairwise key establishments for static sensor networks". *In Proceedings of the 1st ACM workshop on Security of ad hoc and sensor networks (CCS'03)*, pp. 72 – 82 , 2003.

[73] M. Eltoweissy, M. Moharrum, and R. Mukkamala. "Dynamic key management in sensor networks". *IEEE Communications Magazine 44 (4)*, Pages 122–130, 2006.

[74] X. Du, Y. Xiao, M. Guizani, and H.H. Chen. "An Effective Key Management Scheme for Heterogeneous Sensor Networks". *Ad Hoc Networks, Elsevier*, vol. 5, issue 1, pp. 24–34, January 2007.

[75] M.-L. Messai, H. Rezuig. "Security and Attacks in Wireless Sensor Networks". *In Proceedings of International Congress on Models, Optimization and Security of Systems, ICMOSS'10*. pp. 228-233. 29- 31 May 2010.

[76] M.-L. Messai, M. Aliouat, and H. Seba. "Tree Based Protocol for Key Management in Wireless Sensor Networks". *EURASIP Journal on Wireless Communications and Networking*, vol. 2010, Article ID 910695, 10 pages, 2010. doi:10.1155/2010/910695.

Une maison d'édition scientifique

vous propose

la publication gratuite

de vos articles, de vos travaux de fin d'études, de vos mémoires de master, de vos thèses ainsi que de vos monographies scientifiques.

Vous êtes l'auteur d'une thèse exigeante sur le plan du contenu comme de la forme et vous êtes intéressé par l'édition rémunérée de vos travaux? Alors envoyez-nous un email avec quelques informations sur vous et vos recherches à: info@editions-ue.com.

Notre service d'édition vous contactera dans les plus brefs délais.

Éditions universitaires européennes
est une marque déposée de
Südwestdeutscher Verlag für
Hochschulschriften GmbH & Co. KG
Dudweiler Landstraße 99
66123 Sarrebruck
Allemagne

Téléphone : +49 (0) 681 37 20 271-1
Fax : +49 (0) 681 37 20 271-0
Email : info[at]editions-ue.com
www.editions-ue.com